반전이 있는
미국사

반전이 있는

미국사

미국인들도
모르는
진짜 미국 이야기

권재원 지음

다른

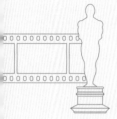

두 얼굴의 미국,
어느 쪽이 진짜일까?

미국 대통령 선거철이 되면 전 세계의 이목이 집중된다. 과연 누가 차기 대통령이 될지 긴장감 넘치는 뉴스가 머나먼 우리나라까지 실시간으로 전해진다. 이토록 전 세계에 존재감을 떨치는 나라가 또 있을까? 긍정적인 의미든, 부정적인 의미든 우리에게 미국보다 더 중요한 나라는 없다. 우리의 국가 안보와 경제가 상당 부분 미국의 영향 아래 있기 때문이다. 중요한 나라인 만큼 미국을 바라보는 관점도 다양하다. 심지어 완전히 상극인 관점도 있다.

한편에서는 미국을 우리나라와 가장 우호적인 나라이자 은인의 나라로 본다. 미국은 2차 세계대전에서 일본을 무너뜨림으로써 우리나라의 해방에 가장 큰 기여를 했다. 게다가 우리는 미국이 아니었으면 북한, 그리고 뒤이은 중국의 침략으로 공산당 독재 치하에서 살고 있을 것이다. 전쟁으로 잿더미가 된 우리나라가 빈곤을 벗어나고 눈부신 경제성장을 이루는 데도 미국의 각종 지원이 큰 도움이 되었다.

미국은 다른 여러 나라의 발전에도 큰 기여를 했다. 특히 미국 〈독립선언문〉(1776)의 영향으로 유럽에 민주주의 바람이 일면서 프랑스에서는 절대왕정이 무너지고 민주주의 시대가 열렸다. 또 미국은 1, 2차 세계대전에서 각각 봉건 제국과 전체주의 세력을 무찌르고 소련과의 동서 냉전에서도 승리함으로써 민주주의를 역사의 승자로 만들었다. 그래서 미국은 오랫동안 '자유세계의 수호자'라고 일컬어지기도 했다.

하지만 다른 편에서 미국을 바라보면 전혀 다른 모습이 보인다. 세계의 민주주의를 지키기보다는 자국의 이익 챙기기에 혈안이 되어 있다. 이런 모습은 2017년 도널드 트럼프가 대통령이 된 뒤에 특히 두드러져 보이는 것이지, 그 이전에도 미국의 팔은 안으로만 굽어 있었다. 미국이 세계의 경찰 노릇을 한 것도 마지못해 맡은 역할에 가깝다. 세계 질서에 대한 사명감은커녕 오히려 자국의 이익만 챙기며 다른 나라 정치에 노골적으로 간섭해 왔다. 정보기관을 통해 불법적이고 비밀스러운 공작도 서슴없이 펼쳤다. 베트남, 유고슬라비아, 아프가니스탄, 이라크, 파나마에는 직접 군사 개입을 하기도 했다.

이처럼 미국은 자유세계의 수호자이자 세계의 경찰인 한편, 세계의 폭군이며 무자비한 제국이다. 어느 쪽이 미국의 진짜 모습이라고 할 수는 없다. 두 모습 모두 미국이며, 심지어 이 양극단 사이에서 더 다양한 미국의 모습을 찾아볼 수 있다. 애초에 미국이라는 거대하고 복잡한 나라를 하나의 관점으로 바라본다는 게 어리석은 일이다.

아쉽게도 우리는 학교에서 미국에 대해 제대로 공부할 기회가 부족하다. 한국사 중심으로 편성된 역사 교과의 특성상 미국의 역사는 곁가지로 밀려났고, 그나마 역사가 짧다 보니 영국, 프랑스 등 유럽 나라에 비해 소홀하게 다루어진다. 미국의 정치, 경제, 문화도 마찬가지다. 간혹 미국 선거철이 되면 언론을 통해 그들의 독특한 선거제도에 대해 이런저런 정보를 접할 뿐이다.

그런데 뉴스에서 워낙 자주 소식을 접하다 보니 우리는 어느새 미국에 대해 잘 알고 있다는 착각에 빠져 있다. 하지만 대중매체를 통한 단편적인 정보로는 그런 복잡한 성격을 띤 나라에 대해 제대로 이해하기 어렵다. 잘 알고 있다는 착각은 오히려 기존의 선입관만 부추기고, 결국 양극단의 미국 중 어느 한쪽의 모습만 진짜라고 굳게 오해하게 할 수 있다. 이런 오해는 미국의 중요한 위치만큼이나 매우 위험하다. 무분별한 오해에 빠지지 않으려면 무엇보다 체계적인 학습이 필요하다. 청소년들이 이 책을 통해 미국에 대한 올바른 지식을 얻고 세계 질서와 미국의 중요성에 대해 눈을 뜨기를 바란다.

우리가 오해하는,

미국의
속사정

미국은 아름다운 나라?
쌀의 나라?

미국은 그 명칭부터 문제다. 한국어에 관심이 없는 미국인이라면 우리가 그들의 나라를 '미국'이라 부르는 것을 모를 것이다. 미국의 공식 명칭은 'United States of America미합중국', 즉 USA다.

그럼 '미국'이라는 이름은 대체 어디에서 왔을까? 한자 뜻대로 풀이하면 '미국美國'은 '아름다운 나라'다. 우리 조상들이 미국을 너무 좋아해서 이런 이름을 붙였을까? 미국인들이 들으면 좋아하겠지만, 실은 아름다운 나라라는 뜻과는 아무 상관 없는 이름이다. '미국'은 우리 조상들이 붙여 준 이름이 아니라 조선이 개화할 당시 중국(당시 청나라)이 부르던 이름을 빌려 온 것이다.

그럼 중국인들은 왜 그런 이름으로 불렀을까? 그들은 'America'를 중국식으로 발음해서 뜻과는 아무 상관 없이 '美利堅미리견(메이리지안)'이라고 옮겼다. 'United States'는 '여러 나라의 연합'이라는 의미대로 '合衆國합중국(혜종궈)'이라고 옮겼다. 둘을 합쳐서 '美利堅合衆國'이라 표기했고, 두 글자 이름을 좋아하는 그들의 습성대로 앞 자와 끝 자만 따서 美

國미국(메이궈)이라고 부르게 됐다.

일본에서는 쌀 미 자를 써서 미국米國(베이코쿠)이라고 부른다. 물론 미국이 쌀을 많이 수출해서 붙은 이름은 아니다. 일본인도 중국인과 비슷한 과정을 거쳤다. 'America'를 발음대로 표기한 '亞米利加(아메리카)'에서 두 번째 글자(미, 米)를 따고 '합중국'의 끝 자(국, 國)를 따서 합친 것이다. 요즘 일본인들은 대부분 '베이코쿠' 대신 영어 발음 그대로 '아메리카'라고 부른다. 물론 이것은 문제가 많은 이름이다. 아메리카 대륙에 미국만 있는 게 아니기 때문이다.

미국인에게 국적을 물어보면 대부분 USA라고 대답하고, 몇몇은 United States 또는 America라고 대답할 것이다. USA가 뒤에 따라오는 명사를 수식할 때는 A를 생략해 US라고 표기하는 게 일반적이다. 예를 들어 '미국 육군'은 영어로 'US Army'라고 한다. 미국을 의인화해 부르는 '샘 아저씨Uncle Sam'도 US라는 머리글자에서 온 이름이다. 아무래도 미국인들은 '아메리카'보다 '유나이티드 스테이츠'를 더 내세우고 싶은 모양이다.

그리고 보면 'United States'를 '합중국'이라고 옮긴 청나라 사람은 칭찬받을 만하다. 이 말 속에 미국의 정체성이 들어 있기 때문이다. 여러 나라 즉 중국衆國의 연합合, 이것이 미국의 본질인 셈이다. 만약 우리말로 줄여 불러야 한다면 그냥 '합중국'이라고 하는 게 이 나라의 본질에 가깝다. 아메리카 대륙뿐 아니라 지구 전체를 통틀어 합중국은 미국뿐이기 때문이다.

미국은 '미국인'이라는
단일민족의 국가다

우리나라는 단일민족 국가이고 미국과 중국, 러시아, 스위스 등은 다민족 국가라고 흔히 말한다. 특히 미국은 민족의 전시장이라 할 만큼 다양한 민족이 모여 사는 나라다.

　다만 미국의 다민족은 중국, 러시아 등의 다민족과 그 성격이 다르다. 중국과 러시아는 여러 민족이 그 나름의 정체성을 간직한 채 하나의 나라를 이루고 있다. 그리고 그 민족들은 나라의 주류를 이루는 민족과 여러 소수민족으로 이루어졌다. 중국은 인구의 80퍼센트 이상이 한족이며 그 밖에 위구르족, 티베트족, 조선족, 몽골족, 장족, 만주족 등 수많은 민족이 모여 있다. 이 소수민족들은 중국어를 공용어로 사용하면서도 민족 고유의 언어, 관습, 문화를 잃지 않고 자기들만의 공동체를 이루어 살아간다. 스위스도 인구 3분의 2가 독일인이고 그 밖에 이탈리아인과 프랑스인이 각각의 지역에서 자치체를 이룬 연방제 나라다.

　반면에 미국은 주류 민족과 여러 소수민족으로 이루어진 나라도 아니고, 여러 민족이 연합한 나라도 아니다. 아메리카 원주민을 제외한 미국의 모든 국민은 원래 다른 나라에서 이주해 왔다. 그들이 한데 어우러져서 하나의 나라를 세운 것이다. 처음 아메리카 연방을 세운 13개국(연방을 이루기 전에는 사실상 독립된 나라들로 봐야 한다)도 단일민족으로 이루어진 게 아니었다. 각 나라마다 독일, 영국, 이탈리아, 아일랜드 등 출신이 제각각인 사람들이 모여 있었다. 하지만 이들은 결국 자신의 뿌리보다 '미국인'이라는 데서 민족의 정체성을 공유하게 되었다. 이를테면 미국은 '미국인'이라는 단일민족의 국가라 할 수 있다.

그렇다고 미국인들이 자신의 조상이 살았던 모국을 무시하는 건 결코 아니다. 한국인보다 미국 교포 3세가 '한국인'이라는 정체성에 더 깊은 관심을 보이기도 한다. 심지어 다른 인종과 결혼해 후손들의 외모가 한국인과 매우 다른 경우에도 그렇다. 그 밖에도 아일랜드, 이탈리아, 동아시아, 아프리카 출신들이 자기들 고유의 정체성에 큰 의미를 둔다. 그러면서도 이들은 언어, 문화, 가치의 측면에서 자신들이 미국인이라는 점을 분명히 한다. 이 동질감과 응집력은 단일민족 국가라 부르는 나라들보다 강하면 강했지 결코 약하지 않다. 심지어 미국에서 결코 온당한 대우를 받았다고 보기 어려운 아프리카계(흑인)나 히스패닉(중남미의 스페인어권 출신 이주자와 후손들)도 자신들은 엄연히 미국인이라고 말한다. 이들조차 미국의 인종차별을 비판하면 환영하지만 미국을 욕하면 화를 낸다.

반면에 억압과 차별에 시달려 온 중국, 러시아 내의 소수민족들은 자신들을 중국인 또는 러시아인이라고 받아들이지 않는다. 또 홍콩, 대만 사람들은 중국과 같은 한족이면서도 자신들을 '차이니스Chinese(중국인)'라고 하지 않고 '홍콩어Hongkonger(홍콩 사람)', '타이와니스Taiwanese(타이완 사람)'라고 한다.

그에 비하면 미국 사람들의 '미국인'이라는 자부심은 얼마나 대단한가. 그들이 '아메리칸American(미국인)'이라고 하는 건 국적이 아니라 민족을 말하는 것이다. 이는 민족을 혈통 개념으로 받아들이는 우리나라 관점에서는 이해하기가 어렵다. 우리와 달리 미국인은 민족을 공통의 가치관과 비전을 가진 공동체로 본다. 미국적 가치관과 비전, 그리고 그것을 문서화한 헌법을 공유하고 있으면 한 민족이다.

그래서 미국인은 자신이 미국인임을 전제한 가운데 조상의 모국을 밝히는 것으로 자신의 정체성을 삼는다. 이를테면 아프로-아메리칸, 코리안-아메리칸, 아이리시-아메리칸 같은 식이다. 즉 자기만의 뿌리를 잊지 않되 다 같이 미국 국민이라는 정체성을 공유하는 셈이다. 그런 점에서 미국은 단일민족 국가나 다름없다.

하지만 여전히 자신들을 미국인이라고 부르는 것이 불편한 미국인도 있다. 바로 '인디언'이라 흔히 부르는 아메리카 원주민이다. 이들은 수백 년간 이주민들과 정체성을 공유하지 않은 채 이들에게 내몰림을 당하며 살았다. 굶주림과 전염병, 학살 등으로 원주민 수도 크게 줄었다. 미국이 처음 세워질 무렵 2,000만 명 정도였던 원주민은 오늘날 겨우 200만 명 정도뿐이다.

이들이야말로 진정한 의미의 미국 소수민족이다. 미국은 이주민(아프리카계 같은 강제 이주민까지 포함)들로 이루어진 미국인과 이곳에 원래 살고 있던 원주민으로 이루어진 다민족 국가인 셈이다. 만약 이들이 서로의 영역과 생활을 존중하며 공존했다면 미국은 모범적인 다민족 국가가 되었을 것이다. 하지만 미국은 원주민을 억압하고 약탈하는 역사를 남기고 말았다. 이에 대해 미국은 1993년 11월에야 정부의 이름으로 공식 사과했다. 당시 대통령이었던 빌 클린턴과 훗날의 버락 오바마 대통령이 원주민의 권리 증진을 위해 몇몇 정책을 세웠지만, 원주민들은 여전히 심한 차별 속에 살아가고 있다.

1900년대의 아메리카 원주민

우리가 오해하는, 미국의 속사정

미국인이
왜 영국 말을 쓰지?

아프가니스탄전쟁에서 미국군과 영국군이 함께 작전을 펼칠 때였다. 어느 날 블랙호크 헬리콥터를 타고 철수하게 됐는데 미국 군인이 영국 군인에게 놀리듯 이렇게 말했다. "이 헬기는 미국 건데? 영국인은 나중에 타는 게 어때?" 그러자 영국 군인이 "그래? 그럼 너희는 우리 말 쓰지 말고 입 다물어"라고 받아쳤다고 한다.

미국인이나 영국인이나 모두 영어를 쓰는데 '우리 말' 쓰지 말라니, 묘한 상황이다. 미국인이 외국인과 대화하기 위해 "Do you speak English?"라고 물었다고 하자. 물론 이건 영어로 말할 줄 아느냐는 질문인데, 따지고 보면 '영어英語, English'란 '영국 말'이다. 그만큼 미국이라는 나라의 뿌리가 영국과 밀접하게 연결되어 있다는 증거다.

막상 인종별 인구 구성을 살펴보면 미국에서 영국계 백인이 차지하는 비율은 의외로 적다. 오늘날 미국 인구의 약 60퍼센트가 백인인데, 이 백인들 중 인구가 가장 많은 인종은 영국계가 아니라 독일계다. 2010년에서 2015년에 걸쳐 조사한 미국 통계국USCB의 통계에 따르면, 독일계 미국인은 미국 인구의 14.7퍼센트(약 4,640만 명) 정도 된다. 아일랜드계는 10.6퍼센트(약 3,353만 명), 잉글랜드계는 7.8퍼센트(약 2,479만 명) 정도에 이른다. 잉글랜드계에 스코틀랜드계, 웨일스계 등을 포함한 영국계는 아일랜드계와 비슷한 수준이다.

사실 이 통계는 혈통이 아니라 정체성에 따라 인종을 구분한 것이다. 잉글랜드계 혈통이지만 '어쨌든 나는 미국인이다'라는 정체성을 내세우는 사람은 잉글랜드계 인구에 포함되지 않았다. 만약 정체성이 아니라 혈통에 따라서 인종별 인구 구성 통계를 낸다면 단연코 영국계 인구가 가장 많을 것이다.

독일계는 미국 건국 초기부터 많은 이주민이 정착해 살고 있지만, 막상 미국에서 살아가는 독일계들은 독일이라는 뿌리를 강조하지 않는다. 심지어 뿌리를 감추기 위해 독일식 이름을 영어식으로 바꾼 사람도 많았다. 1차 세계대전을 치르는 동안 독일이 미국의 적대국이 되자 혹시라도 튈지 모를 불똥을 피하려는 마음이었을 것이다.

자신을 독일계라고 강조하는 미국인 중에는 도리어 유대인이 많았다. 그들은 대부분 나치의 탄압을 피해 미국으로 건너온 경우였다. 미국 백인들도 유대인을 수용소로 끌고 가지만 않았지 차별하기는 마찬가지였다. 그런 차별을 피하기 위해 유대인들은 독일계를 앞세웠던 것이다. 실제로 이름도 독일식이고 독일어를 모국어로 삼으니 독일계가 아니라고 하기도 어렵다.

독일계가 많은 만큼 건국 초기에는 정착지 곳곳에서 독일어를 들을 수 있었다. 영어로 쓰인 각종 문서 때문에 많은 이주민들이 혼란을 겪기도 했다. 공문서나 교과서에 영어와 독일어를 함께 사용하도록 하는 법안이 제시됐을 정도였다. 물론 결국은 다 부결되었다. 사실상 영어가 모국어인 영국계와 아일랜드계 인구가 훨씬 많았던 것이다. 게다가 나중에 아일랜드 이민자들이 폭발적으로 늘어나면서 결국 영어가 미국의 언어로 정착했다.

텍사스주 샌안토니오시에서 강물을 초록색으로 물들이고
성 패트릭 데이 축제를 즐기고 있다

아일랜드가 영국의 식민지였던 만큼 아일랜드계 이주민들은 한동안 차별대우를 받았지만, 오늘날 아일랜드계의 영향력은 막강하다. 미국 역대 대통령 45명 중 15명 이상이 아일랜드 혈통이고, 경찰관이나 소방관도 절반이 아일랜드계다. 아일랜드의 전통 명절인 성 패트릭 데이(3월 17일)는 미국에서도 크리스마스나 부활절 못지않게 시끌벅적하다. 심지어 그날 강물을 아일랜드의 상징 색인 초록색으로 물들이기도 한다.

미국은
개신교 국가가 아니다

우리나라는 다른 나라에 비해 개신교 신자가 많은 편이다. 우리나라에 전파된 개신교 교단 중에는 미국에서 비롯된 교단이 많다. 그렇다 보니 특히 보수적인 개신교 신자들이 자신들의 종교가 미국에서 처음 생겨난 거라고 믿는 경우가 많다. 보수적인 개신교 교회가 주최하는 집회에 태극기와 함께 성조기가 나부끼는 까닭이다. 가톨릭교, 개신교, 그리스 정교를 통틀어 기독교라고 하지만, 개신교인들은 가톨릭교와 그리스 정교를 기독교로 인정하지 않는다. 그들 입장에서는 가톨릭교인이 많은 이탈리아나 프랑스보다 '개신교의 나라' 미국이야말로 진정 축복받은 나라로 보일지 모른다.

하지만 현실은 그들의 생각과 다르다. 물론 미국에 개신교 신자가 많은 것이 사실이다. 정기적으로 교회에 나가고 성경 내용을 매우 진지하게 받아들이는 인구가 유럽보다 많은 것도 사실이다. 하지만 미국은 결코 개신교의 나라가 아니다. 아니, 어떤 종교의 나라도 아니다. 미국은 건국 당시부터 종교와 무관한 나라임을 선포했다. 신앙은 어디까지나 개인의 문제이며, 국가는 종교와 어떤 관계도 맺지 않는다고 밝혔다. 이를 '세속주의'라고 부른다. 세속주의는 미국이라는 나라의 바탕을 이루는 가장 근본적인 본질 중 하나다. 따라서 미국은 어떤 종교를 우대하거나 금지하는 법 또는 제도를 만들 수도 없다.

유럽에는 공립학교에서 종교 과목을 정규 교과로 편성하는 나라가 많지만, 미국은 그럴 수도 없다. 공립학교에서 어떤 종류의 종교 교육도 정규 교과에서 가르칠 수 없다. 교내 행사 등에서 찬송가를 부르거나 기도하는 것을 금지하는 지역도 많다. 미국에서 기독교 교리나 성경 등을 수업 시간에 진지하게 가르치는 학교는 사립학교이며, 특히 가톨릭 계열 학교들이다.

그런데 이상하다. 미국 대통령은 취임식을 할 때 성경책 위에 손을 얹고 선서를 한다. 어떻게 된 일일까? 그것은 조지 워싱턴 초대 대통령이 그랬기 때문에 점차 관행이 되었을 뿐이다. 이후 역대 대통령 대부분이 기독교 신자였으니 굳이 따르지 않을 이유가 없었던 것이다. 하기 싫으면 하지 않아도 된다. 실제로 6대 대통령 존 퀸시 애덤스는 성경책이 아니라 법전에 손을 얹고 취임 선서를 했다. 지금으로서는 가능성이 적은 일이지만, 불교나 이슬람교 신자 중에 미국 대통령이 나온다면 불경이나 코란 위에 손을 얹고 선서를 할 수도 있다.

대통령 취임 선서 내용도 기독교와 아무런 관련이 없다. 물론 다른 어떤 종교와도 관계없다. 취임 선서 내용은 다음과 같다.

나는 미합중국 대통령의 직무를 성실히 수행하고
미합중국 헌법을 보존하고 지키는 데 최선을 다할 것을
엄숙히 선서합니다.
I do solemnly swear that I will faithfully execute the office
of President of the United States, and will to the best of my
ability, preserve, protect, and defend the Constitution of
the United States.

미국 대통령이 지켜야 할 것은 신앙이 아니라 헌법인 것이다. 그리고 대통령이 선서나 연설 끝에 "신이여, 저를 도와주시고, 미국을 도와주소서God helps me, God helps the United States of America"라고 덧붙이곤 하는데, 이는 특정 종교와 상관없는 말이다. 'God(신)'을 우리말로 '하느님' 또는 '하나님'이라고 번역하기도 하지만, 신이 기독교에만 있는 것은 아니잖은가. 만약 미국 대통령이 'God' 대신 'Jesus(예수)'나 'Our Lady(성모마리아)' 등 특정 종교에서 쓰는 호칭을 사용한다면 큰 문제가 될 수 있다. 미국은 절대 개신교의 나라가 아니고, 어떤 종교의 나라도 아니다.

더 나아가 미국에는 개신교 신자가 많다는 말에도 사실 어폐가 있다. 우리나라와 달리 미국에서는 개신교의 여러 교단이 개신교라는 동질감을 공유하지 않는다. 장로교, 루터교, 성공회, 감리교, 성결교, 침례교

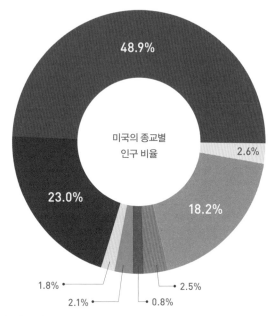

개신교
가톨릭교
모르몬교
유대교
이슬람교
기타 비기독교
무교
무응답

48.9%

2.6%

18.2%

23.0%

1.8%

2.1%

0.8%

2.5%

미국의 종교별
인구 비율

미국의 종교별 인구 비율(갤럽 조사, *2016*)

등의 교단들을 각각의 종교로 여긴다. 교단별로 신자들의 계층도 많이 다르다. 이주해 온 출신 나라와 소득 수준에 따라 교단이 정해지기도 한다. 그래서 각 교단 신자들의 계층과 관련해 이런 농담이 전해진다.

"감리교인은 신발을 신은 침례교인이다. 장로교인은 대학을 다닌 감리교인이다. 성공회인은 투자수익으로 살아가는 장로교인이다."

이 말에 따르면 침례교는 신발도 없이 다니는 빈민층 신자가 많으며, 감리교는 신발은 신고 다닐 정도의 서민층 신자가 많고, 장로교는 교육 수준이 높은 중산층, 성공회는 부유층 신자가 많다는 뜻이다.

이렇게 교단별 정체성이 강한 만큼 미국의 종교별 인구를 조사한다면 각 교단별로 분류해 조사하는 게 적절할 것이다. 하지만 그런 분류 없이 '개신교'로 통괄해 조사한 자료가 대부분이며, 미국이 개신교 국가라는 이미지가 강한 까닭은 바로 이 때문이다. 2016년 미국 갤럽 조사에 따르면 미국의 개신교인 비율은 약 48.9퍼센트다.

한편 가톨릭교인은 약 23퍼센트인 7,400만 명 이상이다. 대부분이 가톨릭교인인 아일랜드와 이탈리아 이민자만 해도 이미 4,000만 명이 넘는데 최근 멕시코, 브라질 등 중남미 출신 이민자들이 계속 늘어나면서 가톨릭교인이 더욱 많아졌다.

미국 50개 주 주지사(2010~2014) 중에도 가톨릭교 신자가 17명으로 제일 많았다. 다음으로 장로교, 침례교, 감리교, 성공회 신자 주지사가 각각 4명에서 6명 사이로 비슷한 숫자를 차지했다. 여기서 성공회는 영국의 성공회 신자들이 넘어와 정착시킨 것으로(다만 교리만 지키고 영국국교회에서는 빠졌다), 이 역시 미국이 영국에 뿌리를 둔 나라임을 보여 주는 증거다.

미국은
자유분방한 나라가 아니다

미국은 아주 개방적이고 자유분방한 나라라는 이미지가 강하다. 우리가 자주 접하는 미국 영화나 TV 드라마 속 인물들의 모습이 그렇기 때문일 것이다. 그들은 학교에서도 매우 자유로운 차림새를 하고, 학생들이 교사의 이름을 서슴없이 부르며 "하이!" 하고 인사한다. 청소년들의 애정 표현도 공개적이다.

물론 미국이 비교적 자유분방한 나라인 것은 사실이지만, 미국만 그런 것이 아니다. 다른 서양 나라들도 마찬가지다. 오히려 유럽과 비교하면 미국은 종교나 도덕 같은 가치 영역에서 의외로 보수적인 면이 많다.

우선 미국은 유럽보다 종교의 힘이 훨씬 강하게 작용한다. 물론 미국은 국교를 인정하지 않고 철저한 정교분리 원칙을 따르지만, 이것은 어디까지나 정부 소관이다. 가정이나 지역사회에서는 여전히 기독교의 영향력이 센 편이다. 교회 예배나 미사에 꼬박꼬박 참석하는 신자가 아직도 미국 인구의 40퍼센트 가까이 된다. 16퍼센트 정도만 정기적으로 예배에 참가하는 유럽인들과 비교된다. 또 우리 눈에는 미국이 성 개방 국가처럼 보이지만, 유럽에 비하면 그렇지도 않다. 프랑스 대통령이었던 프랑수아 미테랑은 혼외 자식까지 낳았지만 그 이유로 지지율이 흔들린 적이 없고 14년간(1981~1995) 대통령을 지냈다. 반면 미국에서는 성 문제와 관련된 소문이 떠도는 순간 정치생명을 이어 가기 힘들다.

그렇다고 미국이 고리타분하고 규율에 얽매인 사회는 아니다. 종교나 도덕 영역 밖에서는, 즉 정치, 산업, 언론, 출판 등의 분야에서는 세계 어느 나라보다 개방적이고 자유롭다. 심지어 그 개방성과 자유를 자신들의 정체성으로 여긴다. 정치, 산업, 언론, 출판에 대한 자유를 침해하는 것은 곧 미국의 본질을 침해하는 것으로 여겨 포르노 제작자조차 그 자유를 누린다.

재미있는 사실은 미국의 지역사회에서는 전통 도덕과 종교적 신념을 중시하는 반면, 미국 정부는 도덕, 종교의 가르침에 반대되는 정책을 행한다는 것이다. 예를 들면 미국은 세계에서 기독교의 영향력이 가장 강한 나라인데도 2015년부터 동성 간 결혼을 전 국가적으로 합법화했다. 또 세계 어느 나라보다 공교육의 종교 교육 비중이 적은 편이다. 이렇게 자유로운 정치·문화와 보수적인 도덕·종교가 기묘한 조화를 이루며 미국 사회를 지탱하고 있다.

'양키'는
미국인을 비하한 말이 아니다

미국과 사이가 나쁜 나라에서 어김없이 울려 퍼지는 구호가 있다. 바로 "양키 고 홈Yankee go home!"이다. '양키'는 일본인을 부르는 '왜놈', 중국인을 부르는 '되놈'처럼 미국인을 낮잡은 호칭으로 널리 사용되고 있다.

그런데 미국 남북전쟁을 배경으로 한 마거릿 미첼의 소설《바람과 함께 사라지다》에서는 남부의 조지아주 사람들이 "양키들과 싸워야 한다", "양키들을 무찌르자"라는 말을 한다. 전쟁에 패한 뒤에는 "양키들이 몰려온다"며 몹시 두려워한다. 이해가 안 되는 상황이다. 양키란 미국인을 비하한 호칭이 아닌가. 이들은 누워서 침을 뱉고 있단 말인가?

미국에 '뉴욕 양키스'라는 야구팀이 있다는 것도 의아하다. 만일 일본에 '도쿄 쪽바리스'라는 야구팀이 있거나 중국에 '베이징 짱꼴라스'라는 축구팀이 있다면 어떨까? 상상도 할 수 없는 일이다. 하지만 미국에는 엄연히 '뉴욕 양키스'가 있다. 그것도 가장 유명한 야구팀이다.

사실 양키는 미국인 전체가 아니라 미국의 특정 지역 사람을 가리키는 말이었다. 물론 품위 있는 표현도 아니지만, 처음부터 비하로 사용한 말은 결코 아니었다. 그럼 그 어원은 어떻게 될까? 양키는 원래 네덜란드계 이민자가 많았던 뉴욕이나 뉴저지 등 미국 북동부 사람들을 부르는 말이었다고 한다. 영국계 이민자가 많았던 뉴잉글랜드나 버지니아 사람들이 영국의 '존 스미스'처럼 네덜란드에 흔한 이름인 '얀 카스Jan Kaas'를 비틀어 '양키스'라고 부르게 되었다고 전해진다.

'양키'에 '욕'의 뜻이 담기게 된 것은 남북전쟁에서 진 남부 주민들이 경멸과 증오의 감정으로 북부 사람들을 양키라고 불렀기 때문이다. "양키 고 홈!"이라는 구호도 그들이 북부의 점령군을 향해 물러나라고 외치던 구호였다. 그럼 '양키'들은 남부 사람들을 점잖게 '남부 주민'이라고 불렀을까? 그럴 리가! 북부에서는 남부 사람을 '딕시Dixie'라고 부르며 멸시했다. 전쟁 당시 북부 군인들은 〈양키 두들Yankee Doodle〉이라는 노래를 군가처럼 부른 한편, 남부 군인들은 〈딕시랜드Dixieland〉를 개사해 불렀기

남북전쟁 때 북군이 즐겨 불렀던 〈양키 두들〉 가사 일부

때문이다. 지금은 '딕시랜드'가 남부의 여러 주를 아울러 일컫는 이름이
되었다.

그렇다고 해서 미국인더러 대놓고 양키라고 불러도 된다는 말은 아
니다. 북부 출신, 남부 출신을 군이 구분해서 양키, 딕시라고 부를 필요
도 없다. 뉴욕 사람들이 자기들을 양키라고 부르는 것과 우리나라나 중
남미 사람들이 양키라고 부를 때의 어감이 다르다는 것 정도는 미국인
도 알고 있다.

아메리카 원주민은
'인디언'이라는 호칭을 더 좋아한다

유럽인 최초로 아메리카 대륙에 발을 디딘 콜럼버스는 이곳을 인도로 착
각하고 주민들을 인디언Indian이라고 불렀다. 그 후 아메리카로 건너온 유
럽인들은 이곳이 인도가 아니라는 것을 알고도 원주민을 여전히 인디언
이라고 불렀다. 게다가 그들은 여러 가혹한 방법으로 원주민을 삶의 터전
에서 몰아냈다. 이 과정은 뒤의 '미국의 역사' 편에서 좀 더 자세히 이야
기할 것이다.

1960년대 이후 미국은 원주민 박해, 흑인 차별 등의 문제를 다루면
서 이들 원주민에 대한 호칭을 '아메리카 원주민Native American'이라고 공식
명명했다. '인디언'이라는 잘못된 이름을 정정한 것이다. 사실 그들은 인
도와는 역사적·유전적으로 아무런 관련이 없다. 참고로 캐나다에서는

그곳 원주민을 선주민First Nation이라고 불러 인종차별이 없도록 한다. 미국 흑인Black을 '아프리카계 미국인African American'이라고 부르는 것과 같다.

그런데 아메리카 원주민들은 이 공식 명칭을 그리 달가워하지 않는다고 한다. 미국 통계국의 여론 조사(1995)에 따르면, 아메리카 원주민 중 이 호칭을 선호하는 사람은 37.35퍼센트, '인디언'이라는 호칭을 선호하는 사람은 49.76퍼센트였다.

물론 그들도 인디언이 마땅한 호칭은 아니라는 것을 안다. 그들의 뜻과 상관없이 붙여진 호칭이기도 하다. 하지만 이미 수백 년간 불려 온 이름이었다. 어느덧 체념하고 그 이름에서 나름의 정체성을 다지게 되었는데, 이제 와서 또 백인들이 새로운 이름을 붙여 주니 거부감이 들었던 것이다. 다만 진짜 인도에서 온 인디언도 매우 많기 때문에 이들과 구분하기 위해 '아메리카 인디언'이라고 부른다고 한다.

그렇다면 그들이 진정 원하는 호칭은 무엇일까? 그것은 각 부족의 이름이다. 북아메리카 원주민들은 남아메리카처럼 잉카, 아즈텍 등 통일된 나라를 이루지 않고 수많은 부족으로 나뉘어 살았다. 부족만의 언어 특성과 문화가 있기에 정체성의 근원 역시 부족에 있다. 따라서 나바호, 수, 체로키, 아파치, 코만치, 다코타 등 부족의 이름으로 부르는 게 가장 좋고, 그게 어렵다면 그냥 '아메리카 인디언'이라고 부르는 게 무난할 것이다.

혀 굴리는 영어 발음은
사투리다

영어에는 우리나라 사람들이 발음하기 힘들어하는 R과 L 문자가 있다. 흔히 '혀 굴린다'라고 하는 이 발음을 잘하면 영어 실력이 왠지 뛰어난 것처럼 보인다. 그런데 이를 오해해서 과장스럽게 혀를 굴리는 사람들이 있는데, 조금만 생각해 보면 참으로 쓸데없는 노력이라는 걸 알 수 있다.

우리나라는 국토 면적이 미국의 100분의 1 정도밖에 안 된다. 이 좁은 곳에서도 지역마다 사투리가 있다. 외국인의 귀에는 서울말과 전라도 말, 경상도 말이 아주 다른 말처럼 들릴 것이다. 우리나라도 이런데 미국은 어떨까? 전체 면적도 어마어마한데 각각의 주도 넓어서 한 지역 안에서도 영어 발음이나 표현법이 가지각색이다. 우리나라 사투리 수와는 비교도 되지 않는다. 미국인끼리 서로 의사소통하기가 힘들 정도로 표현의 차이가 큰 경우도 많다.

혀 굴리는 발음은 캘리포니아에서 많이 사용하는 발음이다. 우리나라가 가장 밀접히 교류하는 미국 지역이 캘리포니아주 로스앤젤레스시라서 교포들이 주로 그 지역 영어를 사용한다. 그러다 보니 캘리포니아의 혀 굴리는 영어를 미국의 표준적인 영어로 오해하게 된 것이다.

인터넷에서 미국 방송을 찾아 들어 보자. 주요 정치인의 공식 연설이나 방송 아나운서의 말을 들어 보면 한국인의 혀 굴리는 발음과 다르다는 걸 알 수 있다. 혀를 훨씬 덜 말고 알아듣기도 쉽다. '영어 듣기 평가'에서도 그런 영어를 들을 수 있다.

그 영어가 바로 미국의 표준어 역할을 하는 미국 중서부 지방의 영어다. 미국은 법으로 표준어를 규정하지는 않았다. 다만 정치인 연설이나 공공방송, TV 드라마 등에서 시카고를 중심으로 한 중서부 지역 말을 쓰다 보니 그곳 영어가 자연스럽게 표준어로 굳어졌다.

그렇다면 방송에서 왜 중서부 지역 영어를 사용하게 됐을까?

중서부 지역은 20세기까지 농업과 제조업의 중심지로, 미국 전역에서 일자리를 찾아 모여드는 사람이 많았다. 각 지역 사람들의 사투리가 섞이다 보니 서로 알아듣기 쉬운 발음과 표현을 찾게 되었고, 결국 별다른 특징이 없는 무색무취의 영어가 탄생하게 됐다. 공영 방송에서 지역색이 두드러진 영어를 사용할 수는 없으니 자연스럽게 중서부 지역 영어를 사용하게 된 것이다.

우리나라 사람들이 공적인 자리에서는 표준어를 쓰다가 고향 사람을 만나면 사투리를 쓰듯, 미국에서도 교육 수준이 보통 이상인 사람들은 가족이나 고향 사람 앞에서가 아니면 대체로 중서부 영어를 쓴다. 이 중서부 영어를 교과서적으로 잘 구사하는 대표적인 인물이 국무장관을 지낸 힐러리 클린턴과 버락 오바마 전 대통령이다. 그들의 많은 연설이 인터넷에 올라와 있으니 찾아서 들어 보기 바란다. 표준 영어를 배우는 데 큰 도움이 될 것이다.

중국은
미국에 비할 바가 아니다

미국과 중국을 세계 양대 강국이라고 해서 G2^{Group of 2}라고 부른다. 2000년대 이후 중국이 경제적으로 급성장하며 신흥 강국으로 떠오르자 초강대국 미국과 더불어 국제 문제 해결에 앞장서라는 의미로 붙여 준 명칭이다.

하지만 사실상 중국을 미국과 함께 양강이라고 부르기에는 부족한 점이 많다. 중국은 간혹 특정 분야에서 미국과 맞설 수 있는 여러 강국들 중 하나일 뿐이다. 미국과 더불어 국제사회의 리더가 된다거나 미국과 세계의 판도를 나눠 가지기에도 한참 역부족하다. 역사적으로 미국에 대응할 만한 국제적인 위상을 지녔던 나라는 소련(1991년에 붕괴된 사회주의공화국)뿐이다.

한 나라의 힘, 즉 국력 지수는 경제력, 군사력, 소프트파워, 외교력의 수준을 모두 평가하여 나타낸다. 미국은 이 네 분야 지표에서 모두 중국을 압도할 뿐 아니라, 다른 나라들의 지표를 모두 합친 것과 맞먹는 위력을 보여 준다. 그나마 중국이 많이 따라잡은 분야가 경제력인데, 여전히 미국 경제력의 약 70퍼센트에 그친다. 인구는 미국의 네 배가 넘는데 경제력은 70퍼센트라니, 이것은 무엇을 의미할까?

군사력의 경우는 비교 자체가 무의미하다. 세계 모든 나라의 항공모함을 다 합쳐도 미국이 갖고 있는 항공모함의 절반도 되지 않는다. 미국을 제외한 나머지 10대 군사 강국(러시아, 중국, 인도, 프랑스, 일본, 한국, 영국, 터키, 독일)의 전투기를 모두 합쳐야 미국 전투기 규모와 비슷해진다. 전투기 성능까지 고려하면 그 차이는 더욱 커진다. 앞으로도 이러한 상태가 바뀔 가능성은 낮다. 세계 여러 나라 군대의 순위를 매기면 '1위는 미국 해군, 2위는 미국 육군, 3위는 미국 공군, 4위는 미국 주방위군'이라는 우스개가 나올 정도다.

더욱 경이로운 사실은 미국의 진짜 힘은 따로 있다는 것이다. 바로 학문, 예술, 사상, 문화 등에서 발휘하는 '소프트파워'다. 만일 중국이 미국에 버금가는 강대국이라면 미국만큼이나 중국으로 가는 유학생이 많아야 한다. 중국의 각종 학문과 예술적 성과도 미국 못지않게 세계를 주름잡아야 한다. 옛 소련은 비록 경제적으로는 미국에 미치지 못했지만 군사력과 학문, 예술에서는 미국과 비교할 만했다. 당시 소련의 과학 수준은 미국을 긴장시켰고, 음악이나 발레 등에서는 오히려 미국을 압도했다. 반면에 중국은 이런 부분에서 미국은커녕 일본, 심지어 우리나라에도 미치지 못한다.

외교력은 어떤가. 국력에는 서로 우호관계를 맺고 있는 동맹국의 양과 질도 큰 영향을 미친다. 미국은 일본, 유럽, 오스트레일리아, 한국 등 전 세계 주요 선진국들과 동맹을 맺었다. 반면에 중국은 라오스, 캄보디아, 카자흐스탄 등 저개발국 외에는 친밀한 나라가 없다. 게다가 러시아, 인도, 베트남, 한국, 타이완, 몽골 등 국경을 맞대고 있는 나라들과 모두 껄끄러운 관계에 있다. 미국이 동맹국들과 잠시 소원한 관계에 놓이더라도 그 동맹국들이 중국으로 돌아설 가능성도 없다.

미국에서
조심해야 할 것들 1

● **미합중국**

우리나라에서 부르는 '미국'이라는 나라 이름 때문에 많은 사람들이 오해를 한다. 미국도 여느 나라처럼 하나의 문화권을 지닌 하나의 나라라고 말이다. 하지만 우리는 미국의 공식 명칭이 USA 즉 '미합중국'이라는 사실을 되새겨야 한다. 미국은 각각의 주가 하나의 나라나 마찬가지인 50개 주가 연합한 나라다. 각 주의 문화 차이는 서로 다른 나라의 문화라기엔 많이 비슷하고, 한 나라의 문화라기엔 매우 다르다. 따라서 미국을 방문할 때는 방문하는 주의 역사, 풍토, 문화 등에 대해 반드시 알아 두어야 한다.

미국은 인종도 다양하다. 아직도 우리는 미국 사람이라고 하면 영국계 백인을 전형적인 상으로 떠올린다. 그러나 실제로 마주치는 미국인의 인종은 놀랄 만큼 다양하다. 백인, 흑인, 히스패닉 등을 비롯하여 우리와 거의 똑같이 생긴 아시아계도 꽤 많다.

미국이 이렇게 여러 면에서 다양성을 보이는 것은 방대한 국토 면적도 한몫을 한다. 하지만 미국만큼 땅이 넓은 중국은 다양성의 폭이 훨씬 좁은 편이다. 미국은 200여 년에 걸쳐 중앙과 지방의 균형을 계속 유지해 온 반면, 중국은 수천 년에 걸쳐 지방을 중앙에 통합시키려는 노력을 계속해 왔기 때문이다.

● **인종차별**

미국에서 인종차별을 조심하라는 말에는 이중적인 의미가 있다. 하나는 인종차별을 당할 수 있으니 조심하라는 말이며, 또 하나는 반대로 우리가 인종차별을 하지 않도록 조심하라는 말이다. 사실 미국의 인종차별이 다른 나라보다 더 심한 것은 아니다.

오히려 유럽이나 우리나라보다 다른 민족, 인종에 대해 훨씬 관용적이며, 차별 방지를 위한 법과 제도도 잘 마련되어 있다.

그런데도 미국에서 인종차별 사건이 자주 발생하는 까닭은 무엇일까? 미국에는 매우 다양한 인종이 섞여 살기 때문에 그만큼 차별과 갈등이 발생할 가능성도 많다. 인종차별적인 사람은 소수라 하더라도 자신과 다른 인종을 접할 기회가 많기 때문에 차별적인 생각을 드러낼 기회도 많은 것이다.

인종차별은 지역에 따라서도 차이가 크다. 한때 KKK단(백인우월주의 비밀 조직)이 기승을 부렸던 남부 지역은 여전히 여기저기서 인종차별이 은밀하게 이루어지고 있다. 반면에 대도시 지역일수록 인종차별은 자취를 감추었다. 뉴욕이나 캘리포니아 같은 곳에서는 특별히 더욱 조심해야 한다. 피부 색깔에 따라 사람을 다르게 대한다거나 인종과 관련된 말실수라도 했다간 인종차별주의자로 낙인 찍혀 일자리를 잃을 수도 있다.

알수록 더 알고 싶은,

미국의
이모저모

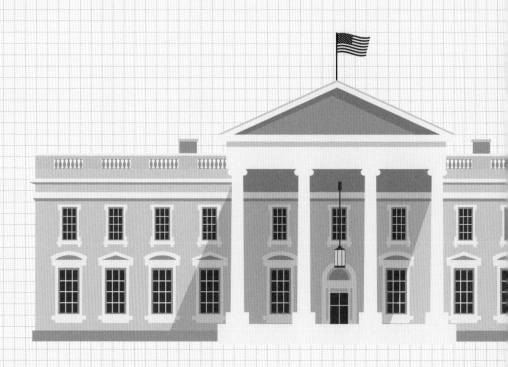

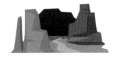

100년 넘게 넓히고 넓힌
국토

미국의 국토는 약 983만 제곱킬로미터에 이른다. 러시아, 캐나다에 이어 세 번째로 넓은 나라다. 북동부의 뉴욕에서 서해안의 로스앤젤레스까지 비행기로 다섯 시간 이상 걸린다. 서울에서 방콕 가는 거리와 비슷하다. 더구나 쓸모 있는 땅만 놓고 비교하면 미국이 러시아와 캐나다를 앞선다. 캐나다는 북극해에 접해 있어서 국토의 많은 부분이 얼음으로 덮여 있다. 러시아도 사람이 살기 좋은 유럽 러시아 땅보다 초원 지대인 시베리아 땅이 훨씬 넓다. 미국도 물론 사막, 초원 등 척박한 지역이 많지만, 러시아나 캐나다에 비하면 기후 조건이 훨씬 좋은 편이다.

국토가 넓다 보니 나라 안에서도 시차가 커서 표준 시간대를 네 개나 사용한다. 동부 표준시를 사용하는 뉴욕은 서부 표준시를 사용하는 로스앤젤레스보다 세 시간 빠르다. 참고로 우리나라는 단일 표준시를 사용하는 중국과 한 시간 차이 나고, 동남아시아와는 두 시간 차이 난다.

그럼 미국은 언제부터 이렇게 넓은 영토를 차지하게 되었을까? "로마는 하루아침에 이루어지지 않았다"고 한다. 로마제국 전성기 때보다도 훨씬 크고 힘이 센 미국도 마찬가지다. 다만 로마는 시종일관 정복을 통해 영토를 넓힌 데 반해 미국은 여러 다양한 방법으로 넓혔다. 오늘날과 같은 상태로 넓히기까지는 1776년부터 1898년까지 무려 100년 넘게 걸렸다.

미국이 영국으로부터 독립을 선언한 1776년에는 동부 13개 주(뉴햄프셔, 매사추세츠, 로드아일랜드, 코네티컷, 뉴욕, 뉴저지, 펜실베이니아, 델라웨어, 메릴랜드, 버지니아, 노스캐롤라이나, 사우스캐롤라이나, 조지아)가 국토의 전부였다. 이 13개 주 면적을 다 합쳐도 현재 미국 영토의 10분의 1이 안 된다. 오늘날의 미국 영토는 대부분 다음과 같은 방법을 통해 획득한 것이다.

국토 매매와 할양

미국 국토 절반 이상은 영국, 스페인, 프랑스령이었던 식민지를 구입하거나 할양받은 것이다. 물론 맨체스터, 바르셀로나, 마르세유 같은 유럽의 주요 도시였다면 세 나라는 악착같이 지키려 했을 것이다. 하지만 아메리카 대륙의 영토는 너무 멀리 떨어져 있었다. 갖고 있어 봐야 별다른 이익도 없었고 관리하기도 어려웠다. 당시에 그런 식민지는 팔아 치우는 게 이익이었다.

세 강대국 중 프랑스가 가장 많은 땅을 팔았다. 그 당시 프랑스 통치자였던 나폴레옹 보나파르트는 온 유럽을 상대로 싸우느라 병력과 군자금이 부족했다. 대서양 건너 멀리 떨어져 있는 식민지까지 관리할 여력이 없었다. 식민지를 팔아 치운 돈으로 병력을 보충하는 게 나았다.

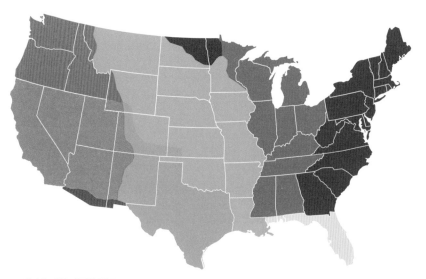

- ● 1776년 독립 선언 당시
- ● 1783년(독립 시) 영국이 할양
- ● 1803년 프랑스로부터 구입
- ● 1818년 영국이 할양
- ● 1819년 스페인으로부터 구입
- ● 1845년 합병
- ● 1846년 합병
- ● 1848년 멕시코가 할양
- ● 1853년 멕시코로부터 구입

시기에 따른 미국의 영토

그래서 나폴레옹은 토머스 제퍼슨 미국 대통령에게 미시시피강 유역 땅 전체를 팔았다. '루이지애나'라고 부르던 땅으로, 프랑스가 처음 그 땅을 차지할 시기의 국왕인 루이 14세의 이름을 따다 붙인 것이다. 당시 루이지애나는 지금의 루이지애나주를 포함한 미국 중부지방 거의 전부를 포함하고 있었다.

덕분에 제퍼슨 대통령은 총알 하나 쓰지 않고 미국 국토를 두 배 이상 넓히는 쾌거를 이루었다. 우리나라로 치면 광개토대왕 격이었지만 그에게는 칭찬은커녕 엄청난 비판이 쏟아졌다. 더 재미있는 사실은 본인도 그 비판을 받아들였다는 것이다. 아니, 몇 푼 안 들이고 국토를 넓혔을 뿐인데 뭘 잘못했다는 것일까? 바로 중요한 국토 매매 문제를 국민과 주를 대표하는 의원들과 의논하지 않고 대통령 혼자서 마음대로 결정했다는 것이다. 이는 대통령이 자칫 유럽식 군주로 바뀌는 것을 두려워했던 미국인들에게 상당히 심각한 문제였다. 아무리 큰 공을 세웠더라도 권력분립의 원칙에 어긋난 공이라면 오히려 비난받거나 탄핵까지 감수해야 했다. 그것이 미국의 건국 정신이었다.

어쨌든 루이지애나는 미국이 강대국으로 성장하는 데 큰 발판이 되었다. 우선 이 지역은 미시시피강을 낀 비옥한 평야 지대라 동부 13개 주보다 농사, 특히 벼 재배와 목축에 유리했다. 또 미시시피강은 수심이 깊고 폭이 넓어 오대호Great Lakes와 대서양을 잇는 대륙 종단 고속도로 역할을 했다. 덕분에 미 대륙을 향한 이주민들이 줄을 이어 인구가 빠르게 늘어났다. 그리고 루이지애나는 루이지애나, 미주리, 아칸소, 오클라호마, 캔자스, 네브래스카, 미네소타, 노스다코타, 사우스다코타, 몬태나 등 여러 주로 나뉘었다. 동부에서 이 지역으로 내몰렸던 원주민들은 좀 더 서쪽으로 밀려나고 말았다.

그 밖에 러시아(알래스카), 멕시코(뉴멕시코, 애리조나)도 미국에 영토를 팔거나 할양했다. 이렇게 미국이 구입하거나 할양받은 영토는 독립 시기 면적의 몇 배에 이르며, 현재 면적의 3분의 2가 넘는다.

원주민에게 빼앗은 플로리다, 콜로라도, 네바다 …

대제국을 이룬 나라가 으레 그렇듯 미국은 무력을 동원해 빼앗은 땅도 상당하다. 그만큼 미국에 영토를 빼앗긴 나라도 많다. 엄밀히 말하면 미국 영토 전체가 원주민에게서 빼앗은 땅이라고 할 수 있다.

북아메리카 원주민들은 수많은 부족 공동체를 이루고 살았다. 그러다 보니 부족들 사이에 다툼이 생길 수밖에 없었다. 영국, 프랑스, 스페인은 아메리카 식민화에 이 부족 간 다툼을 이용했다. 특히 프랑스와 스페인이 원주민을 이용해 영국 식민지를 공격하는 일이 많았다. 이에 영국은 매우 잔인하게 보복했다. 결국 프랑스와 스페인은 북아메리카에서 물러났고, 남은 영국은 원주민들을 무차별 학살하고 추방하며 땅을 차지해 나갔다.

이 전통 아닌 전통은 미국이 독립한 후에도 이어졌다. 다만 미국 정부는 원주민들에게 강제로, 또는 형편없는 보상과 함께 다른 지역으로 이주할 것을 요구했다. 물론 원주민들은 이를 받아들일 수 없었다. 부족을 토지, 자연과 떨어질 수 없는 관계로 보았던 그들에게 처음 자리 잡은 곳만 한 삶의 터전은 없었다. 결국 미국 정부는 무력을 동원해 원주민들을 쫓아냈고, 그들이 살았던 비옥한 땅은 백인들의 차지가 되었다. 대표적인 지역으로 플로리다, 노스다코타, 사우스다코타 등이 있다.

쫓겨난 원주민들이 부여받은 땅은 서부의 콜로라도, 네바다 등이다. 그러나 이 지역마저 골드 러시, 서부개척 열기에 몰려든 백인들에게 빼앗기고, 원주민들은 미국 정부가 지정해 준 좁은 '원주민 보호구역'에 옹색하게 갇혀 살게 되었다.

멕시코 땅이었던 텍사스, 뉴멕시코, 애리조나, 캘리포니아

미국은 국경이 맞닿아 있는 멕시코 땅을 상당히 많이 빼앗았다. 텍사스, 뉴멕시코, 애리조나, 캘리포니아를 빼앗았는데 이 네 주의 면적을 합치면 오늘날 멕시코 영토 전체와 맞먹는다. 네 주에는 아직도 멕시코식 지명이 많이 남아 있다.

캘리포니아는 주민들이 스스로 멕시코의 지배를 거부하고 미국 연방에 가입하면서 미국 땅이 되었다. 텍사스는 멕시코의 지배에서 벗어나 미 연방에 가입하려는 주민들을 멕시코군이 진압하자, 이를 빌미로 미국이 멕시코와 전쟁을 벌여 빼앗은 땅이다. 그리고 그때 뉴멕시코와 애리조나가 '부록'으로 딸려 왔다.

스페인령이었던 푸에르토리코, 마리아나 제도

영국과 맞섰던 독립전쟁 외에 미국이 처음으로 유럽 국가와 벌인 전쟁은 스페인과 싸운 미서전쟁(1898)이다. 스페인은 라틴아메리카라는 명칭에서 알 수 있듯이 아메리카 대륙에 방대한 식민지를 두고 있었다. 한편 미국은 건국 초기에 유럽 군주들에게 자유와 독립을 박탈당할지 모른다는 두려움에 바짝 긴장해 있었다. 그렇다 보니 식민지 개척에 혈안이었던 스페인과의 충돌은 필연적이었다. 이 미서전쟁에서 미국은 스페인을 일방적으로 격파했고, 이로써 신생 국가 미국은 유럽 열강과 어깨를 겨룰 수 있는 위치에 올라서게 되었다.

전쟁에서 진 스페인은 쿠바, 필리핀, 푸에르토리코, 마리아나 제도 등 여러 식민지를 미국에 빼앗겼다. 그 가운데 쿠바와 필리핀은 오늘날 독립국가가 되었지만, 다른 지역은 여전히 미국 영토로 남아 있다. 그런데 그 법적 위치가 애매하다. 미국 영토이긴 하지만 주州가 아니다. 마리아나 제도에 속한 괌은 주에 버금가는 행정구역인 '준주'이고, 괌을 제외한 마리아나 제도와 푸에르토리코는 '자치주'다.

두 자치주는 마치 독립국가처럼 각자의 자치권을 갖고 있고 올림픽 등에도 독립적으로 참가한다. 그렇지만 엄연히 미국 영토이며, 이곳 주민들은 미국 시민이다. 마치 중국과 홍콩의 관계와 같다. 이 지역 사람들은 당연히 미국 국적이지만 이 지역이 미국의 주가 아니기 때문에 대통령 선거나 연방 의회 선거에 투표할 권리는 없다. 물론 연방에 가입된 주로 이주하면 즉시 투표권을 행사할 수 있다.

독립국이었던 하와이

하와이는 1782년 처음 왕국을 세운 독립국이었다. 그런데 태평양 한 가운데 위치해 있어서 미국이 스페인으로부터 빼앗은 괌, 필리핀 등으로 항해할 때 반드시 하와이를 거쳐야 했다. 미국은 하와이 왕국과 조약을 체결해 그곳의 진주만에 해군기지를 세웠다.

한편 미국에서 하와이로 건너온 이주민들이 사탕수수 재배에 성공하고 수많은 농장을 세우며 제당업이 번창했다. 그러자 미국을 포함한 여러 나라에서 이민자들이 물밀듯이 들어왔다. 1891년 하와이 여왕 리디아 릴리우오칼라니는 미국인 농장주들에게 세금을 부과했다. 이에 반발한 미국 이주민들은 '하와이 혁명'을 일으켜 여왕을 몰아냈다. 1894년 하와이 공화국이 탄생했고, 그 후 결국 하와이는 미국에 합병되었다. 이후 계속 준주로 머물러 있다가 1950년 미국의 50번째 주가 되었다.

세상 모든 기후와 지형을
경험할 수 있는 나라

미국은 영토가 넓다 보니 자연환경도 다채롭다. 특히 중위도에서 저위도까지 걸쳐 있어서 고위도 지역에 치우쳐 있는 러시아나 캐나다보다 훨씬 다양한 자연경관을 자랑한다. 세상에 존재하는 거의 모든 지형과 기후를 경험할 수 있을 정도다. 미국만 여행하면 세계 여행을 한 셈이다.

지형

미국의 지형은 크게 세 부분으로 나눌 수 있다. 중부 지역은 대부분 평야로 이루어져 있다. 이 평야에는 세계에서 세 번째로 긴 강인 미시시피강이 멕시코만을 향해 흐르고 있다.

서쪽으로 가면 길이가 4,000에서 5,000미터에 이르는 로키산맥이 있다. 일부가 캐나다 땅에 걸쳐져 있는 이 산맥은 히말라야산맥이나 알프스산맥처럼 험준한 장년기 지형을 보여 준다. 이곳 서부 지역에는 고원지대가 많고, 거의 사막과 같은 땅도 넓게 펼쳐져 있다. 환태평양 조산대의 영향을 받은 화산 지형도 볼 수 있다.

동부 지역에는 애팔래치아산맥이 뻗어 있다. 우리나라에서 많이 볼 수 있는 노년기 지형으로 산맥의 굴곡이 완만한 편이다. 산맥의 평균 높이는 1,000미터 정도 된다. 이 산맥 밑을 흐르는 미시시피강 하류 지역에는 자연 습지대가 형성되어 있다.

기후

플로리다와 하와이에는 열대와 아열대 기후가 나타난다. 알래스카는 한대 기후로, 일 년 내내 거의 얼음으로 덮인 툰드라와 백야를 구경할 수 있다. 중부 지역의 노스다코타, 사우스다코타, 미시간, 일리노이 등에서는 냉대 기후를 경험할 수 있다. 뉴욕과 매사추세츠 등 동부 해안 지역은 전형적인 온대 기후이고, 캘리포니아가 있는 서부 해안 지역은 지중해성 기후를 보인다. 남서부의 애리조나와 네바다 등은 건조 기후로 사막

위: 로키산맥의 옐로스톤 국립공원 내 화산 지형에 있는 그랜드 프리즈매틱 온천
아래: 콜로라도의 고산 기후 지역에서 살아가는 순록

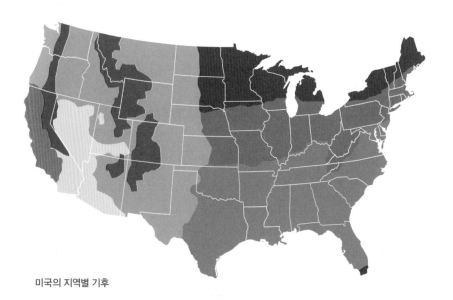

● 초원 기후
● 아열대 기후
● 서안해양성 기후
● 지중해성 기후
● 온대 기후
● 냉대 기후
● 고산 기후
● 열대우림 기후
● 건조 기후

미국의 지역별 기후

이 펼쳐져 있고, 중서부의 콜로라도와 유타 등에서는 일 년 내내 서늘한 고산 기후를 경험할 수 있다. 한 나라 안에서 악어와 순록을 다 볼 수 있는 셈이다.

6개로 나뉘는
문화지역

미국과 캐나다 지역을 한데 묶어서 '앵글로 아메리카 문화지역'이라고 흔히 말한다. 하지만 미국의 다양성을 감안하면 이런 식의 분류는 좀 억지스럽다. 미국 문화는 캐나다와 상당히 다를 뿐 아니라 미국 안에도 매우 다양한 문화지역이 있기 때문이다. 미국은 국토가 넓은 만큼 자연환경이나 역사적 배경도 다양하다. 지역마다 민족, 풍속, 문화, 사고방식, 산업 등이 서로 달라서 한 나라라고 보기 어려울 정도다. 심지어 사용하는 영어도 표현법에서 상당한 차이를 보인다. 보스턴 영어, 뉴욕 영어, 캘리포니아 영어, 시카고 영어, 텍사스 영어가 서로 달라서 미국인들은 말투만 듣고도 출신지를 알아챈다. 물론 당연한 현상이다. 미국의 1개 주만 한 대한민국 안에서도 서울말과 부산 말이 확연히 다르지 않은가.

그래도 미국을 좀 더 이해하기 위해 역사적 기원이나 자연환경, 생활 습관 등이 비슷한 주끼리 묶어서 50개 주를 6개의 문화지역으로 분류해 보았다(공식적인 분류는 아니다). 물론 그 안에서도 지역적 문화 차이가 크다는 점은 감안하기 바란다. 이제 6개의 문화지역이 각각 어떤 역사와 문화를 갖고 있는지, 각 지역에는 어떤 대표적인 도시들이 있는지 살펴보자.

뉴잉글랜드: 코네티컷, 메인, 매사추세츠, 뉴햄프셔, 로드아일랜드, 버몬트

뉴잉글랜드 지역은 미국에서 가장 유서 깊은 곳이다. 이곳 6개 주는 영국의 1세대 이민자들이 정착해 건설한 곳으로 미국 독립 당시의 13개 주에 모두 포함된다. 유럽인들의 미국 이주는 17세기 초반부터 시작됐는데, 돈을 벌기 위한 이민이 많았던 버지니아주와 달리 뉴잉글랜드에는 자유를 찾아 떠나온 사람들이 많았다.

덕분에 지금까지도 뉴잉글랜드는 미국에서 가장 지성적이고 진보적인 지역으로 손꼽힌다. 선거 때도 뉴잉글랜드 전역에서 진보적인 민주당이 승리를 거머쥔다. 뉴잉글랜드를 민주당 지지 지역이라 해서 '블루 스테이츠Blue States'라고 부를 정도다. 특히 매사추세츠, 코네티컷, 로드아일랜드는 교육 수준이 매우 높고 부유층이 많다. 미국을 대표하는 8개 명문대인 아이비리그의 절반(브라운, 다트머스, 하버드, 예일)과 매사추세츠 공과대학교MIT도 뉴잉글랜드에 모여 있다.

한편 뉴잉글랜드는 산맥으로 둘러싸인 지역 특성상 다른 지역과의 교류가 적어서인지 옛 풍속과 문화가 많이 남아 있다. 보스턴시를 제외한 대부분의 지역에서 17, 18세기 식민지 초기의 풍경을 구경할 수 있다. 그래 봐야 겨우 300~400년 전의 풍경이지만, 미국인들에게는 이 지역이 한국의 경주나 일본의 교토 같은 곳이다.

● 보스턴

보스턴은 뉴잉글랜드 지역에서 가장 큰 도시다. 하지만 미국의 다른 대도시들에 비하면 매우 아담한 편으로, 2020년 인구가 고작 70만 명을 넘는다(미국 통계국 조사에 따른 2020년 World Population Review의 추정치다. 이하 '2020년 기준 인구'는 모두 이 추정치를 말한다). 빌딩도 뉴욕이나 시카고 같은 대도시에 비해 적은 편이다. 그 대신 오래된 건물들이 현대식 빌딩들과 적절히 어우러져 있어 독특한 도시 경관을 보여 준다.

이곳은 미국 독립전쟁의 신호탄이 된 '보스턴 차 사건'이 일어난 곳이며, 노예해방 운동의 출발점이기도 하다. 치열한 미국 역사를 간직한 유서 깊은 도시로, 많은 관광객이 줄을 잇는다. 보스턴에서 2킬로미터 정도 떨어진 곳에 하버드 대학교와 MIT가 자리 잡고 있고, 교육과 학문의 도시로 일컬어지기도 한다.

● 프로비던스

프로비던스는 인구가 20만 명도 안 되는 작은 도시다. 로드아일랜드 주의 주도인데 로드아일랜드도 50개 주 가운데 가장 작은 주다. 그런데 이 작은 도시의 시민들은 자신들이 미국 역사에서 가장 진보적인 역할을 담당한 도시에 살고 있다고 믿는다. 심지어 미국 독립운동도, 노예해방 선언도 보스턴보다 프로비던스에서 먼저 시작되었다고 주장한다.

오늘날 프로비던스는 환경운동에 적극적으로 나서며 미국에서 가장

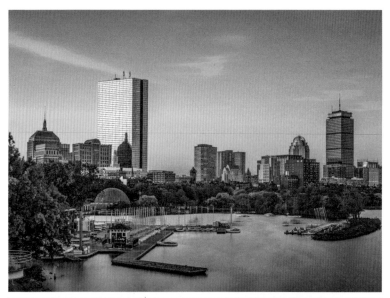

위: 옛 건물과 현대식 고층 빌딩이 어우러진 항구 도시 보스턴
아래: '신의 섭리'라는 뜻의 도시 프로비던스

친환경적인 도시라는 명성을 누리고 있다. 미국에서 가장 살기 좋은 도시나 아름다운 도시를 뽑으면 늘 상위권 순위에 오르고, 인구 대비 예술가 비율이 높은 편이기도 하다.

동부 해안: 델라웨어, 메릴랜드, 뉴저지, 뉴욕, 펜실베이니아, 워싱턴 D.C.

이 지역이 바로 미국의 정치, 경제, 문화의 중심지다. 뉴잉글랜드와 마찬가지로 미국이 독립할 당시 13개 주에 속한 유서 깊은 지역이다. 하지만 당시 주민들의 성격은 뉴잉글랜드와 좀 달랐다. 뉴잉글랜드가 주로 자유를 찾아 건너온 영국인들의 집결지였다면, 동부 해안에는 신대륙에서 기회를 잡아 돈을 벌 목적으로 유럽 각지에서 건너온 사람들이 많았다. 영국을 비롯해 네덜란드, 독일, 아일랜드, 이탈리아에서도 건너왔고 차츰 유대인까지 더해져 대규모로 몰려들었다. 그만큼 인구도 많고 경제적으로 활기차며 문화적으로 다채로운 지역이 되었다.

미국의 연방 수도인 워싱턴 D.C.와 미국 최대 도시 뉴욕이 이 지역에 있다. 이를테면 수도권인 셈이다. 그 밖에도 필라델피아, 볼티모어, 피츠버그 등 화려한 대도시들이 이곳에 모여 있다. 뉴욕에서 워싱턴 D.C.에 이르는 약 400킬로미터의 구간은 마치 하나의 거대한 도시처럼 도시와 도시가 연결되어 있다. 이 구간을 '북동부 메갈로폴리스'라고 부른다.

● 뉴욕

뉴욕은 명실상부 세계에서 가장 유명한 도시다. 심지어 뉴욕을 미국의 수도라고 착각하는 사람도 많다. 실제로 미국에서 뉴욕은 한국의 서울과 같은 위치를 차지하고 있다. 인구도 제2, 제3의 도시인 로스앤젤레스, 시카고를 합친 인구보다 많은 약 832만 명(2020년 기준)이다. 유명한 맨해튼의 거리 월스트리트에는 주요 글로벌 기업과 금융기관의 본사들이 모여 있다. 맨해튼에는 세계 음악과 오페라, 발레의 중심인 링컨센터도 있고, 메트로폴리탄 오페라 극장도 있다. 연극과 뮤지컬의 중심가인 브로드웨이도 있고, 세계 최고의 미술관들(메트로폴리탄, 모마, 구겐하임)도 모여 있다. 런던, 밀라노, 파리와 함께 '세계 4대 패션 도시'이기도 하다. 뉴욕은 미국에서만 서울이 아니라 세계의 서울이라고 할 만하다.

뉴욕은 주 이름이면서 도시 이름이다. 사람들이 흔히 입에 올리는 '뉴욕'은 뉴욕주(우리나라 국토보다 넓다)가 아니라 그 안의 뉴욕시를 말하는 것이다. 뉴욕시는 맨해튼, 브루클린, 퀸스, 브롱크스, 스태튼아일랜드의 5개 자치구로 이루어졌다. 뉴욕시 인구는 1,000만 명이 안 되지만, 주변 위성도시들 인구가 1,000만 명이 넘고 이들 중 상당수가 뉴욕시로 출근하기 때문에 사실상 거대한 뉴욕 대도시권을 형성하고 있다.

● 필라델피아

필라델피아는 펜실베이니아주에서 가장 큰 도시이며, 미국에서 다섯 번째로 큰 도시다. 인구 159만 명(2020년 기준) 정도로 한국의 광주광역시 정도 규모다. 이곳은 미국이 독립을 선언하고 헌법을 공포한 도시이며, 최

위: 연극과 뮤지컬 극장들이 모여 있는 맨해튼의 거리 브로드웨이
아래: 5개의 자치구로 이루어진 뉴욕

위: 필라델피아에 있는 독립기념관
아래: 독립선언, 헌법 공포 등을 알리며 쳤던 자유의 종

초의 미국 수도로 삼았던 역사적인 도시다. 그래서 독립기념관, 자유의 종 등 미국의 건국과 독립에 관련된 유적들이 많이 남아 있다.

도시 이름도 의미심장하다. 그리스어로 '사랑'을 뜻하는 '필리아philia'와 '형제'를 뜻하는 '아델포스adelphos'를 합친 이름으로, 필라델피아는 곧 우애의 도시라 할 수 있다. 독립선언에 참여한 '건국의 아버지들'이 자유와 민주주의를 갈망하는 계몽사상가였음을 상징하는 이름이기도 하다.

필라델피아는 유서 깊은 도시답게 뉴욕과 더불어 문화 예술의 중심지 역할도 맡고 있다.

● 워싱턴 D.C.

워싱턴 D.C.는 미국 연방의 수도로 이곳에 연방 정부가 있다. 원래 워싱턴시와 콜롬비아 특별구로 나뉘어 있었지만, 두 지역을 합쳐서 워싱턴 콜롬비아 특별구Washington, the District of Columbia, 즉 워싱턴 D.C.를 이루었다.

워싱턴 D.C.는 이주민들이 세운 곳이 아니라 인위적으로 만든 계획 도시다. 미국 건국 당시에 매사추세츠주의 필라델피아를 연방 수도로 삼는데, 이는 건국 정신에 어긋난 것이었다. 모든 주가 서로 동등한 자격과 권리를 누려야 하는데, 연방 수도를 필라델피아에 둔다는 것은 매사추세츠주가 특혜를 누리는 셈이었다. 따라서 어떤 주에도 속하지 않은 중립 지역을 만들어 그곳을 연방 수도로 삼기로 했다. 이로써 워싱턴 D.C.라는 계획 도시가 탄생한 것이다.

연방 수도답게 워싱턴 D.C.에는 미국을 움직이는 핵심기관이 모두 모여 있다. 미국 연방 행정부, 대통령 관저(백악관), 연방 상원, 연방 하원,

위: 미 국방부 본부 펜타곤
아래: 미국 건국의 아버지이자 초대 대통령인 조지 워싱턴을 기리기 위해 세운 워싱턴 기념탑

연방 대법원, 국방부(펜타곤), 연방 수사국FBI, 중앙정보부CIA, 연방준비제도이사회FRB(중앙은행)가 있고, 미국과 수교 중인 주요 나라들의 대사관도 이곳에 있다. 세계은행WB, 국제통화기금IMF 같은 국제기구도 자리 잡고 있다.

그야말로 으리으리한 도시다. 하지만 정작 이곳에 살고 있는 주민들은 불만이 많다. 우선 이곳은 개발에 제한이 많다. 국부國父인 조지 워싱턴을 기념해 만든 워싱턴 기념탑보다 높은 건물을 지을 수 없어 미국의 수도라는 위상과 달리 초고층 빌딩이 없다.

그리고 워싱턴 D.C.는 연방 의회가 소속된 도시여서 자신들의 이익을 대변할 대표를 연방 의회에 내보낼 수 없다. 즉 국회 의석이 없다. 그나마 하원에 의결권 없는 의원 3명을 보낼 수 있지만, 의결권이 없으니 의미 없는 일이다. 이론적으로는 연방 의회 소속 도시니 연방 의회가 시의회이고 대통령이 주지사인 셈이지만, 의회나 대통령이 워싱턴 D.C. 주민을 대표해 입법과 행정을 하지는 않는다. 그들은 어디까지나 연방 전체를 대표한다. 결국 워싱턴 D.C. 주민들은 자신들의 대표를 선출할 수 있는 권리, 곧 참정권이 없는 셈이다. 그래서 워싱턴 D.C.를 미국의 51번째 주로 만들어야 한다는 목소리가 끊이지 않는다.

참고로 워싱턴 D.C.는 워싱턴주와는 아무 관계 없다. 워싱턴주는 워싱턴 D.C.에서 수천 킬로미터 떨어진 태평양 해안에 있다.

남부: 앨라배마, 아칸소, 플로리다, 조지아, 켄터키, 루이지애나,

미시시피, 노스캐롤라이나, 사우스캐롤라이나, 테네시, 버지니아,

웨스트버지니아, 텍사스

미국 남부는 한마디로 '촌'이라는 느낌을 준다. 뉴욕, 필라델피아 등과 비교하면 여러모로 개발이 뒤처졌다. 남북전쟁 패배, 노예노동을 바탕으로 한 농업 지역이라는 점이 발전을 더디게 했다. 이 지역 출신을 '레드넥Red Neck'이라고 부르기도 한다. 땡볕 아래서 힘들게 농사 짓느라 목덜미가 붉게 탄 그들을 비하한 표현이다. 오늘날 '레드 넥'은 가난한 백인 계층을 가리키는 혐오 표현으로 정착했다.

남부는 미국에서 가장 보수적인 편이다. 개신교 중에서도 특히 보수적인 남침례교의 영향력이 막강해 성경의 말을 그대로 따라야 한다고 믿는 사람도 많다. 그래서 이 지역을 '바이블 벨트Bible Belt'라고 부른다. 인종차별이 심한 한편, 흑인 인구가 많아 재즈, 블루스 등 흑인 문화가 탄생하기도 했다.

오늘날에는 항공우주 산업 등이 발전하면서 남부도 점점 '촌' 이미지를 벗어나고 있다. 게다가 동부 지역 부유층이 따뜻한 플로리다주로 속속 이주하고 있다. 쿠바와 푸에르토리코 등에서 건너온 라틴계 주민 비율도 늘어나면서 남부는 이제 전통적인 남부의 분위기와 점점 멀어지고 있다.

● **마이애미**

마이애미는 주변 도시들과 함께 광역도시권을 이루었다. 마이애미시 인구만 보면 2020년 기준 약 48만 6,000명으로 한국의 청주나 전주 수

해양 휴양도시로 유명한 마이애미

준의 중간 규모 도시지만, 광역도시권으로 보면 약 629만 인구의 거대
도시다.

'마이애미' 하면 바로 '해변'을 떠올릴 정도로 이곳은 해양 휴양도시
로 유명하다. 1월에도 평균 기온이 20도 정도라 일 년 내내 해수욕을 즐
길 수 있다. 해마다 3월이면 일종의 '봄방학'을 맞은 대학생들이 미국 전
역에서 몰려와 해변과 호텔, 수영장 등에서 요란한 파티를 벌인다.

한편 마이애미는 각종 금융업도 발달했다. 또 중남미와 미국을 연결
하는 물류의 중요 거점으로, 아시아 물류의 중심지인 싱가포르 같은 역
할을 하고 있다.

● 애틀랜타

애틀랜타는 조지아주의 주도이며, 오랫동안 남부의 중심 도시 역할
을 했다. 마이애미와 마찬가지로 애틀랜타라고 하면 애틀랜타시뿐만 아
니라 그 주변 카운티들을 포함한 애틀랜타 도시권을 일컫는다. 인구 523
만(2020년 기준) 정도의 거대 도시권이며, 미국에서 가장 빠르게 인구가 늘
어나는 지역으로 앞으로도 발전 가능성이 높다.

이곳에는 원래 아메리카 원주민인 체로키족이 거주했는데, 미국 정부
가 기만적인 계약을 통해 그들을 몰아내고 땅을 차지했다. 지명도 원래
는 '철도의 종점'을 뜻하는 터미너스Terminus였다. 이 이름에서 짐작할 수
있듯이 애틀랜타는 교통의 요지로 빠르게 발전했다. 특히 남북전쟁 당시
남부 연합의 중심 도시 역할을 했고, 덕분에 소설과 영화로 유명한《바람
과 함께 사라지다》의 무대가 되었다. 하지만 남북전쟁에서 북군이 승리

애틀랜타에 있는 질병예방통제센터

하면서 도시는 철저히 파괴되었다.

다행히 2차 세계대전 때 전투기 공장이 들어서면서 다시 일어서기 시작했고, 1996년 올림픽을 열면서 급격히 성장해 이제는 미국 10대 도시 반열에 올랐다. 미국 500대 기업 중 코카콜라, 델타항공, CNN 등 무려 100개가 넘는 기업이 이곳에 본사를 두었고, 외국의 수천 개 기업도 진출해 있다. 우리나라 질병관리청의 원조 격인 미국 질병예방통제센터CDC도 이곳에 자리 잡고 있다.

● 뉴올리언스

뉴올리언스는 마이애미나 애틀랜타에 비하면 소박하다 못해 초라해 보이기까지 한다. 그러나 이 도시는 규모 이상의 가치를 지닌 도시다. 흑인들에게는 마음속 고향 같은 곳으로, 흑인 음악인 재즈와 블루스가 바로 이곳에서 탄생했다. 여러 인종의 요리법이 어우러져 만들어 낸 크레올 요리로도 유명하다.

원래는 프랑스령 도시로 지명도 '누벨 오를레앙'이었다. 프랑스의 도시 오를레앙에서 따온 이름이다. 중간에 잠시 스페인에 넘어갔던 누벨 오를레앙은 다시 프랑스로 돌아왔고, 나중에 결국 미국에 팔려서 지금의 뉴올리언스가 되었다.

미시시피강 하구에 자리한 뉴올리언스는 거대한 항구가 있어 유럽, 중남미, 아프리카와 미국 내륙을 오가는 교통의 요지였다. 특히 과거에 상품처럼 취급되었던 흑인 노예 무역의 중심지였다. 그래서 지금도 뉴올리언스 인구 중 흑인이 3분의 2에 달한다.

뉴올리언스의 유명한 크레올 요리
다양한 해산물과 쌀밥이 어우러져 있다

오늘날 뉴올리언스는 여러 나라와 민족의 문화가 뒤섞인 '문화 용광로'가 되었다. 미국에서 비영어권 인구 비율도 이곳이 제일 높다. 영어 대신 프랑스어나 스페인어를 사용하는 사람이 특히 많다. 행정구역 단위도 미국식 '카운티' 대신 프랑스식 '파리아'를 사용한다. 프랑스, 스페인, 흑인 문화가 뒤섞인 이곳의 독특한 문화를 '크레올 문화'라고 한다. 문제는 이 도시의 평균 소득이나 교육 수준 등이 뒤떨어진다는 것이다. 미국에서 치안이 나쁜 도시로 디트로이트와 더불어 선두를 다투기도 한다.

중서부: 일리노이, 인디애나, 아이오와, 캔자스, 미시간, 미네소타, 미주리, 네브래스카, 노스다코타, 오하이오, 사우스다코타, 위스콘신

미국 풍경 하면 보통 뉴욕의 거대한 빌딩 숲을 떠올릴 것이다. 하지만 지평선이 보일 정도로 드넓은 농장 역시 미국의 전형적인 풍경이다. 바로 중서부 지역의 모습이다. 중서부는 미국의 '식량 창고'나 다름없다. 나아가 세계의 식량 창고이기도 하다. 미국이 식량이 남아돌아 세계 곳곳에 수출하기 때문이다. 특히 밀, 콩, 옥수수 같은 곡류의 수출량이 엄청나다.

20세기까지만 해도 중서부는 미국 제조업의 중심지로 '세계의 공장'이라 할 만했다. 오대호를 중심으로 한 일리노이, 미시간, 인디애나, 위스콘신에 수많은 공장이 몰려 있었다. 미국 동부 해안 지역이 상업, 무역, 정치의 중심이라면, 중서부는 농업과 제조업 등 생산의 중심지였다. 당연히 미국 전역에서 농토와 일자리를 찾아 사람들이 몰려왔다. 다양한 사람과 문화가 어우러지다 보니 이 지역은 지역색이 두드러지지 않는 문화

중립지역이 되었다. 말의 억양이나 표현법도 중화가 되어 오늘날 이 지역 영어는 미국에서 '표준어'로 받아들여진다.

● 시카고

시카고는 미국에서 세 번째로 큰 도시이며, 중서부에서 가장 큰 도시다. 2020년 기준 시카고시 인구만 하면 약 269만 명이지만, '시카고 랜드'라 부르는 광역도시권까지 하면 945만 명이 넘는다. 오대호와 미시시피강이 연결되는 곳에 자리 잡았고, 미국에서 가장 많은 고속도로가 지나가는 곳이기도 하다. 우리나라로 치면 그 입지 조건이 대전과 비슷하다.

시카고는 뉴욕 못지않게 상업, 금융, 문화, 예술 등의 중심 도시로 활발히 움직이고 있다. 특히 뉴올리언스에서 탄생한 흑인 문화가 미시시피강 수로를 따라 올라와 가장 큰 도시인 시카고에서 꽃을 피웠다. 재즈와 블루스의 발상지는 뉴올리언스지만, 이 음악들이 미국을 대표하는 양식으로 유럽의 클래식과 나란히 할 만큼 발전한 곳은 이곳 시카고다.

● 디트로이트

디트로이트 역시 오대호의 수운과 철도의 요충지로 일찍이 미국 산업혁명의 중심 도시였다. 20세기만 해도 굴뚝이 숲을 이루는 '세계의 공장'이었다. 한창때는 포드, 크라이슬러, GM 등 미국 자동차 3대사가 모두 모여 있는 '세계 자동차의 수도'였다. 그러나 미국 자동차가 일본, 독일에 밀리면서 점점 기울어지기 시작했다. 그러다 미국 경제가 철강, 조선 등 전통적인 제조업에서 지식 정보와 금융 산업 중심으로 옮겨 가면서 디트로이트도 눈에 띄게 쇠퇴했다.

수백만이었던 인구가 다들 어디로 갔는지 지금은 66만(2020년 기준) 인구의 작은 도시로 주저앉았다. 한창때 지어 올린 건물들이 여전히 텅 빈 채 방치되는 등 심각한 위기에 처했다. 덩달아 범죄까지 늘면서 미국에서 가장 위험한 도시 순위에서 언제나 상위권을 달린다. 디트로이트를 포함해 볼티모어, 피츠버그, 멤피스 등이 모두 20세기 제조업의 중심 도시였다. 지금은 쇠락한 이 도시들을 묶어 '러스트 벨트Rust Belt'라고 부른다.

남서부: 애리조나, 뉴멕시코, 오클라호마, 텍사스

남서부 지역은 대부분 멕시코령이었는데 미국이 정복하거나 할양받아 차지했다. 그래서 남서부 전체적으로 멕시코와 비슷한 자연과 문화경관을 보여 준다. 사막이 많고, 주민들도 멕시코계 등 히스패닉 비율이 높다. 텍사스의 히스패닉 인구는 2017년 기준 1,092만 명 정도로 주 인구의 39퍼센트 이상을 차지한다. 이는 백인 인구와 비슷한 수준이며, 뉴멕시코에는 백인보다 오히려 히스패닉이 많다. 따라서 남서부에서는 영어 못지않게 스페인어도 중요한 공용어로 사용한다. 이 지역 외에 멕시코계가 많은 캘리포니아와 플로리다에서도 스페인어가 중요한 역할을 한다.

실제로 미국에서 스페인어 실력은 매우 중요하다. 놀랍게도 스페인어를 쓰는 인구도 스페인보다 미국이 많고, 때때로 미국 대통령이나 주요 정치인들이 스페인어로 연설하거나 토론하기도 한다. 미국 학교 시간표에도 우리나라의 영어 교과에 해당하는 자리를 스페인어가 차지하고 있다.

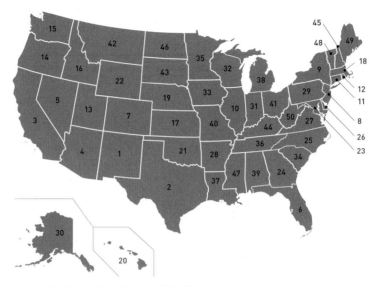

2017년 미국의 주별 히스패닉 인구 비율 순위(*World Population Reveiw, 2020*)

미국항공우주국이 운영하는 존슨우주센터

● 휴스턴

텍사스주에 위치한 휴스턴은 인구 234만 명(2020년 기준)으로 미국 남서부에서 가장 크고 미국에서 네 번째로 큰 도시다. 원래는 육지로 둘러싸인 도시였으나, 멕시코만으로 통하는 물길인 '휴스턴 선박 운하'를 만들어 항구 도시로 발전했다. 처음에는 미국 남부의 특산물인 면화를 수출하며 번성하기 시작했고, 20세기 초 대규모 유전油田을 발굴하면서 석유화학 산업이 발달했다.

무엇보다 이 도시의 이름을 빛내 주는 건 미국 우주 탐사의 중심지인 미국항공우주국NASA의 존슨우주센터가 자리 잡고 있다는 것이다. 지금도 우주선을 배경으로 한 영화에서 제일 많이 나오는 말이 '휴스턴'이다. 우주조종사들은 존슨우주센터와 통신할 때 제일 먼저 이렇게 말한다. "휴스턴, 휴스턴, 여기는 ○○○호!"

● 피닉스

애리조나주의 주도이자 170만 명(2020년 기준) 이상이 사는 대도시 피닉스는 놀랍게도 사막 한복판에 있다. 연 강수량이 200밀리리터를 오르내려 우리나라 여름 한 달 강수량에도 미치지 못한다. 미국에서 제일 더운 도시로 한여름 평균 기온이 섭씨 40도가 넘으며, 밤에도 35도 가까이 된다. 이런 조건에도 인구가 모여든 것은 상대적으로 겨울에는 평균 20도 정도로 기후가 온화해 무척 살기 좋기 때문이다. 어차피 여름에 실내에서 에어컨을 틀고 지내는 건 다른 도시도 마찬가지다.

더구나 미국의 첨단 산업 기술의 상징인 실리콘밸리가 포화 상태에 이르면서 피닉스가 제2의 실리콘밸리로 떠오르고 있다. 많은 스타트업 기업(혁신 기술로 사업에 뛰어든 신생 기업)들이 임대료가 비교적 싼 이 도시로 몰려들고 있기 때문이다.

서부: 콜로라도, 캘리포니아, 아이다호, 몬태나, 네바다, 오리건, 유타, 워싱턴, 와이오밍

미국에는 '서부 영화'라는 영화 장르가 있다. 미국이 한창 땅을 개척해 가던 19세기 후반 서부의 대평원을 배경으로 총을 든 무법자며 말을 탄 카우보이들이 등장하는 영화다. 오늘날 서부에서는 그런 영화 속 장면을 찾아볼 수 없다. 지금의 서부는 오히려 가장 현대적이고 문명의 최첨단을 달리는 지역에 속한다.

물론 처음에는 발전이 더뎠다. 미국의 발상지인 뉴잉글랜드나 동부 해안 지역과 멀리 떨어져 있었기 때문이다. 미국인들도 애초에 이 지역에는 관심을 두지 않았다. 그 대신 백인들에게 삶의 터전을 빼앗긴 원주민들 상당수가 눈물의 대이동(이동 과정에서 수많은 사람이 목숨을 잃었다) 끝에 이곳 서부에 정착해 살았다.

1848년 캘리포니아에서 금광이 발견되면서 상황은 확 바뀌었다. 일확천금을 노린 백인들이 끝도 없이 서부로 몰려왔다. 심지어 태평양 건너 중국인들까지 가세했다. 이른바 '골드 러시'였다. 백인 입장에서는 둘도 없는 발전의 기회였지만, 원주민 입장에서는 또다시 수난의 역사가 시작되었다. 쫓겨나 정착한 곳에서 또다시 쫓겨난 원주민들은 '원주민 보호구

골드 러시의 물결을 따라 말을 타고 서부로 달려온 금광 채굴자(1860년대)

역'으로 제한된 곳에 모여 고립된 채 지냈다.

그 뒤로 서부는 백인의 차지가 되었다. 서부 지역에는 여러 주가 있지만, 사실상 영토로 보나 인구로 보나 캘리포니아주가 서부의 대부분을 차지한다. 캘리포니아주 하나만 떼어 놓아도 세계 5위 강대국 수준이다. 그 밖에 워싱턴주와 오리건주가 인구와 산업이 발달한 편이다.

● **로스앤젤레스**

로스앤젤레스는 미국의 여러 도시 중 우리에게 가장 익숙한 도시다. 많은 한국인이 건너가 살면서 거대한 코리아 타운이 형성되었다. 우리나라에서 누군가 미국으로 이민 갔다 하면 십중팔구 로스앤젤레스로 간 것이다. 이곳에는 한국인만이 아니라 일본, 중국, 멕시코 등에서 건너온 이주민과 아프리카계 인구도 많다. 그야말로 '문화 용광로'인 셈이다. 2020년 기준 로스앤젤레스시 자체 인구는 약 401만 명이며 말리부, 샌타모니카, 패서디나, 베벌리힐스 등 위성도시를 아우른 로스앤젤레스 카운티 인구는 1,008만 명 가까이 된다. 미국에서 뉴욕 다음으로 큰 도시다.

로스앤젤레스는 미국을 아시아 및 중남미와 연결하는 중요한 허브 도시다. 항구와 공항이 언제나 북적거리며, 각종 산업과 금융업도 크게 발달했다. 무엇보다 이곳은 미국 영상 매체 산업의 중심지인 할리우드를 품고 있다. 세계를 휩쓰는 미국 영화와 드라마 대부분을 바로 이 도시에서 제작한다. 유명한 만화 영화 제작사 월트디즈니의 본사도 여기에 있고, 놀이공원의 대명사인 디즈니랜드도 50킬로미터(미국에서 이 정도는 이웃이다) 정도 떨어진 애너하임에 있다. 영화나 드라마에 자주 나오는 명소도 많

할리우드 거리에 있는 돌비 극장

알수록 더 알고 싶은, 미국의 이모저모

아 관광객들의 발길이 끊이지 않는다. 다만 치안이 썩 좋은 편이 아니며, 도로 사정이나 대중교통 때문에 애를 먹을 수 있으니 주의해야 한다.

● 샌프란시스코

샌프란시스코는 가톨릭교의 유명한 성인 '프란체스코'에서 이름을 따온 도시다. 로스앤젤레스에 비할 수 없을 만큼 작은 도시로 인구가 100만 명도 안 되지만, 원래는 캘리포니아주에서 가장 큰 도시였다. '골드 러시'로 많은 사람들이 몰려들었던 도시가 바로 이곳이다. 중국인들도 골드 러시에 가담해 지금 샌프란시스코에는 미국에서 가장 오래되고 큰 차이나 타운이 있다. 중국에서는 한동안 이곳을 황금의 도시라며 구금산舊金山이라고 부르기도 했다. 샌프란시스코가 '구금산'이라면, '금산'은 멜버른이다. 이후 오스트레일리아의 멜버른에서도 금광이 발견되었던 것이다.

19세기 골드 러시에 이어 20세기 후반에는 샌프란시스코가 정보화 혁명을 선도함으로써 눈부신 성장가도를 달렸다. 첨단기술 산업의 중심지인 실리콘밸리가 바로 샌프란시스코반도 초입에 자리 잡고 있다. 이주민들의 도시이며 경제적으로 윤택하다 보니 문화적으로도 매우 개방적이고 자유롭다. 성소수자를 비롯한 사회적 소수자들도 거침 없이 자신들의 주장을 펼치고 권리를 누린다. 미국에서 가장 진보적인 지역으로 손꼽힐 정도다.

샌프란시스코는 뉴욕과 더불어 외국인들의 관광거리가 가장 많은 도시이기도 하다. 도시 전체가 맑고 깨끗하고 세련된 이미지를 보여 준다.

위: 샌프란시스코 실리콘밸리의 대표적인 기업인 애플 본사
아래: 실리콘밸리에 있는 인터넷 서비스 기업인 구글 건물

다만 너무 개방적인 곳이다 보니 깔끔한 이미지와 달리 마약 중독자가 많고 범죄율도 높은 편이다.

● 시애틀

워싱턴주의 항구 도시 시애틀은 미국의 최북단에 위치해 캐나다와 국경을 맞대고 있다. 아직은 78만여 명(2020년 기준) 인구로 크지 않은 도시지만, 미국에서 가장 빠르게 성장하고 있는 도시 중 하나다.

시애틀의 산업은 건설용 목재를 생산해 판매하는 벌목업으로 출발했다. 그러다 1896년 일본 선박이 입항하면서 무역이 발달하기 시작했고, 아시아의 네 마리 용(한국, 홍콩, 싱가포르, 타이완)과 중국 등이 미국과의 무역에서 중요한 동반자가 되면서 시애틀항이 주요 무역항으로 급성장했다.

시애틀은 특히 미국 조선업과 항공기 제조업의 중심지로 알려져 있다. 세계 최대 항공우주 기업인 보잉이 바로 이곳에 있다. 그뿐만 아니라 실리콘밸리에서 시작된 첨단 산업의 물결이 여기에도 밀려와 소프트웨어, 생명공학, IT 분야 기업들이 잇따라 설립되고 있다. 현재 마이크로소프트, 아마존, 스타벅스 등 세계적인 기업들이 이곳에 본사를 두고 있다.

시애틀은 아름다운 야경으로도 유명하다. 도시 전체적으로 잘 정돈되고 산뜻한 분위기여서 관광객들에게 인기가 많다. 치안 수준도 높은 편이며 미국에서 가장 살기 좋은 도시로 손꼽히기도 한다.

시애틀 아마존 본사에 있는 '아마존 스피어스'
커다란 구 안이 온실로 되어 있다

헌법의 정신 위에
세운 나라

대부분의 나라 사람들은 영광스러운 역사 속에서 자신들이 하나의 민족이라는 정체성의 근원을 찾는다. 우리 역시 '반만년 역사에 빛나는 문화'를 긍지로 여기며 한민족의 정체성을 공유하고 있다. 하지만 미국인들은 그러한 단일하고 긴 역사에 대한 갈망이 없다. 그렇다고 나라에 대한 자부심이 없는 것도 아니다. 오히려 매우 강한 편이다.

그렇다면 미국인들은 무엇을 나라의 긍지로 여길까? 거대한 영토? 압도적인 국력? 물론 그것도 자랑스러운 것이다. 하지만 '우리는 미국인이다'라는 정체성까지 부여해 주는 자랑스러움의 근원은 현재 작동하고 있는 나라의 체제에 있다. 즉 미국의 정치는 단지 정치가 아니라 미국인의 뿌리라 할 수 있다. 그리고 그 정치제도는 헌법이라는 문서로 기록되어 있다. 최초의 성문헌법을 만든 나라가 바로 미국이다. 이를테면 헌법은 미국의 발명품인 셈이다.

보통은 나라가 있어야 헌법이 만들어지는데 미국은 그 반대다. 미국은 왕국이나 봉건적인 국가로 이어져 오던 역사를 혁명으로 일구어 낸 나라가 아니다. 미국이 생겨나기 전에 혁명이 먼저 일어났고, 그 혁명의 정신에 따라 헌법을 정하고 나라를 세운 것이다. 프랑스의 사상가 장 자크 루소는 사회 구성원들의 합의와 계약을 통해 국가를 세워야만 민주 정치가 이루어진다(사회계약론)고 주장했는데, 실제로 이 사회 계약의 과정을 통해 새롭게 세운 나라가 미국이다. 그리고 그 계약서가 바로 헌법이다.

그래서 미국인들에게 건국의 해는 독립을 선언한 1776년도 아니고, 영국으로부터 독립한 1783년도 아니다. 바로 미국 헌법을 공포한 1789년이다. 그리고 그들이 '건국의 아버지'라고 부르는 사람들은 독립 운동의 지도자가 아니라 헌법 제정에 참여한 사람들이다. 물론 이 둘은 거의 겹치지만 말이다.

이런 과정을 통해 세운 나라는 오직 미국뿐이다. 우리나라와 일본은 먼저 나라의 상층부에서 헌법을 제정한 뒤 그것을 기준으로 하층부 단위까지 제도를 만들어 갔다. 영국이나 프랑스 역시 왕과 귀족들, 그리고 평민의 상층 계급인 부르주아 간의 사회 계약과 권력 투쟁의 과정에서 혁명이 일어나고, 이 혁명의 물결이 널리 퍼지면서 오늘날의 제도가 탄생하게 됐다.

그럼 미국 헌법에는 어떤 내용이 들어 있을까?

포괄주의

1789년 처음 공포한 미국 헌법은 중요한 하나의 원리를 규정하고 있었다. 그것은 "지역이 모여 나라를 이루고, 정부의 힘은 억제한다"는 것이다. 여러 주들이 연합해 하나의 나라를 이루지만, 이는 어디까지나 외부 공격에 대항하기 위한 것이지, 각 주들의 자유를 억압하려는 의도는 아니라는 뜻이다. 이에 따라 처음의 미국 헌법은 다음의 내용을 전제로 아주 간단한 조항으로만 작성되었다.

❶ 각 개인에게 천부인권(자연권)이 있다. 개인들은 자신의 권리를 지키기 위해 그 권리를 일부 위임하는 사회 계약을 맺고 정부를 구성한다.

❷ 정부들 역시 외부(아메리카 대륙 외부)의 위협으로부터 자신을 보호하기 위해 그 권리를 일부 위임하는 연방 정부를 구성한다.

❸ 이러한 내용을 명문화하여 헌법으로 제정한다.

그런데 우리나라와 달리 미국 헌법에는 '국민의 권리'와 '국민의 의무' 부분이 없다. 미국 헌법이 국민의 권리를 무시해서가 아니다. 오히려 그 반대다. '이런저런 권리가 있다'고 규정해 버리면 국민은 그 밖의 다른 권리에 대해 제한을 받는다. 미국 헌법은 국민들이 그러한 제한을 받지 않도록, '필요 시에는 정부가 어느 정도 규제하며 그 밖에는 모두 국민의 자유다'라는 의미로 권리와 의무 부분을 생략한 것이다.

이것이 미국이라는 나라가 움직이는 기본 원리인 포괄주의다(이것을 이해해야 코로나19 상황에서도 미국 정부가 국민들에게 마스크 착용을 왜 의무화하기 어려워하는지 알 수 있다). 그 반대편에는 무엇을 허용하고 금지하는지 하나하나 나열하는 '열거주의'가 있다. 포괄주의를 선택한 미국 헌법은 외부 위협을 막아 내기 위해 정부가 '딱 요만큼'만 개입하겠다고 국민들에게 약속한 셈이다. 나머지는 국민 각자가 알아서 할 일이다.

삼권분립

미국 헌법의 중요한 원칙 하나는 철저한 '권력 분립'이다. 건국의 아버지들이 제일 두려워한 것은 자신들이 세운 나라가 독립 이전과 마찬가지인 군주정 또는 그것과 다름없는 나라가 되는 것이었다. 이를테면 오늘날의 북한이나 중국 같은 정치 체제가 될 것을 염려했다.

물론 초대 대통령이 될 것이 확실했던 조지 워싱턴만 보자면 결코 걱정할 일이 아니었다. 그는 유능하고 미덕으로 가득한 인물이었다. 하지만 언젠가는 권력욕과 온갖 탐욕에 불타는 자가 권력을 잡을 가능성도 있었다. 건국의 아버지들은 그런 인물이 대통령이 되더라도 멋대로 권력을 휘두르지 못하도록 하는 헌법을 만들고자 했다. 가장 좋은 방법은 한 개인이나 기관이 너무 많은 권력을 쥐지 못하도록 하는 것이다. 바로 여기서 미국 헌법의 기본 원칙인 '권력 분립의 원칙'이 나온다. '삼권분립'으로 알려진 이 권력 분립 방법은 프랑스 정치철학자 몽테스키외가 고안한 이론이다. 그리고 이것을 처음으로 제도에 적용한 나라가 미국이다. 미국의 삼권분립은 최초일 뿐 아니라 가장 철저하게 적용됐다.

삼권분립의 원칙에 따라 입법부인 국회와 행정부인 대통령의 권한을 철저히 나눠 놓았다. 국회는 법을 만들 뿐이며, 대통령은 그 법을 집행할 뿐이다. 그리고 사법부인 법원은 이 둘과 완전히 독립된 상태에서 재판한다. 만약 국회가 대통령의 집행을 견제하고 싶다면 그 정책을 중단할 수 있는 법을 만들면 된다. 한편 대통령은 정책을 펼치기 위한 법률을 제정할 수도, 제안할 수도, 요구할 수도 없다. 다만 마음에 들지 않는 법률이 있다면 1회에 한해 거부할 수 있다.

수정헌법

오늘날 미국 헌법은 건국 당시처럼 간소하지 않고 꽤 길다. 연방 정부가 최소한의 개입만 하고 나머지는 각 주와 개인의 자율에 맡겼더니 인권이 침해되는 일이 자꾸 생겨났기 때문이다. 가령 어떤 주에서 가톨릭교 외의 모든 종교를 불법으로 정하고 가톨릭교인이 아닌 모든 사람을 감옥에 가둔다고 하자. 처음의 헌법으로는 이런 인권 침해에 대해 연방 정부가 어떤 제지도 할 수 없었다. 주에서 '이것은 우리가 다수결로 정한 것이다. 우리 자율이다'라고 나오면 연방 정부도 어쩔 도리가 없었다.

가장 대표적인 인권 침해의 사례가 노예제와 인종차별이었다. 연방 정부가 노예제를 폐지하려 하자 여러 주에서 '우리 자율'이라며 반발하고 나섰다. 그러다 결국 남북전쟁까지 벌어졌고, 복잡한 권력의 문제가 더해져 에이브러햄 링컨 대통령이 암살당하기도 했다. 백인 학부모들이 단합해 유색 인종이 공립학교에 입학하지 못하도록 막아선 일도 있었다. 그들도 이것은 '시민의 자율'이니 정부는 간섭하지 말라고 주장했다.

이런 문제를 막기 위해 미국 헌법 역시 국민의 권리, 인권에 대한 조항을 만들어야 했다. 다만 미국은 헌법을 개정하는 게 아니라 일부 문구만 수정하거나 새로운 조항을 추가한다. 이를테면 수시로 첨삭할 수 있는 헌법이다. 이렇게 새로운 조항을 추가한 헌법이 바로 '수정헌법'이다. 미국 수정헌법에는 모두 50개 조항이 추가되었다. 그 가운데 1조에서 10조까지가 국민의 권리를 규정하는 내용이다. 이를 '권리장전'이라고 하며, 1791년 발효했다. 권리장전에 해당하는 조항 중 중요한 몇 가지를 알아보자.

에이브러햄 링컨 대통령 암살 장면(애덤 큐어든 그림)

수정헌법 1조

의회는 종교를 만들거나 자유로운 종교 활동을 금지하는 법을 제정할 수 없다. 또한 언론·출판의 자유, 평화로운 집회의 권리, 정부에 탄원할 수 있는 권리를 제한하는 어떠한 법률도 제정할 수 없다.

여기서 말하는 의회는 상원·하원 의회뿐 아니라 주의회, 시의회를 모두 포함한다. 이 내용에서 "어떠한 법률도 제정할 수 없다"는 부분이 중요하다. 수정헌법 1조는 인권에 대한 내용이지만, '국민은 이런저런 권리를 갖고 있다'고 명시하는 대신 '정부는 이런저런 일을 할 수 없다'고 명시했다. 다시 말해 정부가 침해할 수 없는 인권을 규정한 것이지, 헌법이 보장하는 인권을 규정한 것이 아니다. 따라서 미국은 헌법에 명시되지 않은 내용도 인권으로 보장한다.

인권을 제한하는 법률을 아예 만들지 못하게 한 것은 각 주마다 자율을 허용하는 정도가 다를 경우를 막기 위한 것이기도 하다. 결국 자율성을 조금이라도 제한하는 법은 아예 만들지 말라는 뜻이다.

수정헌법 2조

잘 조직된 민병대는 자유로운 주^州의 안보에 필수적이므로 무기를 소장하고 휴대하는 국민의 권리를 침해할 수 없다.

이것이 그 유명한(악명 높은) '총기 소지권' 조항이다. 미국에서는 총기 소지에 대한 규제가 여전히 논쟁거리에 오른다. 미국인들이 싸움을 좋아

1787년 헌법 제정과 연방 정부 수립을 위해 '필라델피아 제헌 회의'에 참석한
건국의 아버지들(하워드 챈들러 크리스티 그림)

해서도 아니고, 총기 업체들이 로비를 해서도 아니다. 이것은 힘의 균형에 대한 문제다. 국민과 정부 간에, 그리고 주와 연방 간에 말이다. 만약 정부만 무장할 권리를 독점하면 어떨까? 정부가 폭압을 행사해도 국민이 저항할 방법이 없고, 연방 정부가 주 정부를 압도하게 되어 중앙집권 국가가 될 수 있다.

하지만 오늘날 이 조항은 사실상 의미가 없는 내용이다. 무기가 겨우 소총과 칼 정도였던 19세기에는 의미가 있었지만, 지금은 상황이 달라졌다. 허리춤에 총기 하나 꽂은 국민이 최첨단 무기로 무장한 정부를 어떻게 당해 내겠는가. 오늘날 미국은 총기 사건이 해마다 증가하고 있지만, 총기 구입과 등록, 소지 장소 등의 규제법이 다른 나라에 비해 약한 편이다. 총기 규제법을 강화하려 할 때마다 반대 세력에 부딪히기 때문이다. 여전히 많은 미국인이 '내 몸과 가족을 지킬 권리'를 정부에 내주기를 꺼린다. 수정헌법 2조는 정부 앞에 무기력한 시민이 되기를 거부하는 미국 정신의 상징적인 조항이라 할 수 있다.

수정헌법 4조

불합리한 압수와 수색에 대하여 신체, 주거, 서류, 물건의 안전을 확보할 국민의 권리가 침해되어서는 안 된다. 선서나 확약에 의하여 상당하다고 인정되는 이유가 있어 특별히 수색할 장소와 압수할 물건, 체포·구속할 사람을 특정한 경우를 제외하고는 영장을 발부할 수 없다.

수정헌법 4조는 우리나라에서도 매우 중요하게 생각하는 권리다. 경찰이나 검찰이라고 해서 다짜고짜 피의자를 찾아가 체포, 구속하거나 물건을 압수 수색할 수 없다. 그것은 개인의 안전과 자유를 보장받을 권리, 즉 기본권을 침해하는 것이다. 그런 강제적인 처분을 하기 위해서는 왜 체포하는지, 언제까지 구속할 것인지 등을 정당하고 분명히 밝힌 내용이 필요하다. 그것이 바로 영장이다. 오늘날의 시선으로 보면 너무나 당연한 규정이지만, 사실 이 규정은 민주주의를 위해 권력자의 횡포와 맞서 싸워 온 오랜 노력의 결과물이라 할 수 있다.

우리나라는 수정헌법 4조에서 보장하는 국민의 권리를 해방과 동시에 '그냥' 얻었다. 그래서 이것이 얼마나 소중한 권리인지 크게 느끼지 못한다. 이 권리가 없다면 '죄 지은 사람만 감옥 간다'는 상식도 통하지 않는다. 미국은 이 4조의 내용을 매우 철저히 지킨다. 경찰이든, 검사든, FBI든 영장이 없으면 피의자가 문을 열어 주지 않는 이상 피의자의 집에 한 발도 들일 수 없다.

이하 5조에서 9조까지는 모두 이러한 체포, 구금, 처벌, 재판과 관련된 내용이다. 이 책의 독자들 중 형사 재판을 받을 사람은 많지 않으리라 믿고 권리장전의 마지막 조항으로 건너뛰겠다.

수정헌법 10조

헌법에 의하여 미합중국 연방에 위임되지 않았거나 각 주에서 금지하지 않은 권력은 각 주나 국민이 보유한다.

수정헌법 10조야말로 정말 중요한 조항이다. 비교하자면 대한민국 헌법의 "대한민국의 모든 권력은 국민으로부터 나온다"에 해당하는 조항이다. 두 문장의 미묘한 차이를 보라. 수정헌법 10조는 권력이 국민으로부터 나오는 게 아니다. 권력은 국민에게 그냥 있다. 다만 그 권력 행사의 일부분만 정부에 위임했을 뿐이다. 위임하지 않은 나머지 권력은 모두 국민에게 남아 있다.

수정헌법 13조

어떠한 노예제도나 강제 노역도 해당자가 정식으로 기소되어 판결로서 확정된 형벌이 아닌 이상, 미합중국과 그 사법권이 관할하는 영역 내에서 존재할 수 없다.

1865년 제정한 수정헌법 13조는 남북전쟁의 발발 원인이 된 역사적인 조항이다. 이 조항이 통과되자 노예제도를 운영하던 주들은 이에 반발해 연방을 탈퇴하고 남부연합을 결성했다. 연방 정부는 이를 반란으로 여겼고, 결국 연방과 연합의 전쟁으로 이어졌다. 이 헌법에 따라 노예제는 공식적으로 폐지되었고, 강제 노동 역시 징역이라는 형벌 외에는 사라졌다.

수정헌법 15조

미합중국 시민의 투표권은 인종, 피부색 또는 이전 예속 상태를 이유로 미합중국 또는 어떤 주에 의해서도 부정되거나 제한되지 않는다.

1870년 비준된 이 조항에 따라 흑인을 비롯한 유색 인종과 과거 노예였던 사람들도 투표권을 행사하게 됐다.

수정헌법 19조

미국 국민의 참정권은 미 연방이나 미국의 어떤 주에서도 성별을 이유로 제한될 수 없다.

1920년 비준된 이 조항에 따라 여성도 투표할 수 있게 됐다. 미국의 백인 여성이 흑인 남성보다 투표권을 늦게 얻었다. '여성은 마지막 노예'라는 말이 빈 구호만은 아니었던 것이다.

수정헌법 26조

미국 혹은 미국의 그 어떤 주도 18세 이상의 미국 시민들이 가지는 투표의 권리를 그들의 나이를 근거로 부정하거나 침해할 수 없다.

이 조항에 따라 1971년 7월부터 미국의 선거권 연령이 18세로 낮아졌다. 참고로 우리나라는 2019년 12월 공직선거법 개정에 따라 만 19세 이상에서 만 18세 이상으로 선거권 연령이 바뀌었다.

상원과 하원으로 이루어진
연방 의회

연방 정부는 미국 전체를 대표하지만, 50개 주 정부 위에 군림하지는 못한다. 연방 정부는 국민과 각 주로부터 위임받은 권력을 위임받은 범위 안에서 행사한다. 따라서 연방 정부의 구성원도 국민과 각 주의 승인을 받은 대표들로 이루어지며, 입법부 역시 국민의 대표와 주 대표를 별도로 구성한다. 즉 미국은 국회가 2개다. 바로 연방 상원과 연방 하원이다.

연방 상원과 연방 하원은 어떻게 탄생하게 됐을까?

영국과의 독립전쟁에서 승리한 13개 주는 서로 힘을 모아 연방 정부를 세우기로 했다. 이를 위해 각 주 대표들이 모였는데, 의회 구성 방법을 놓고 연방파와 반연방파로 나뉘어 논쟁이 벌어졌다. 연방파에는 존 애덤스, 알렉산더 해밀턴 등 부유한 신사들이 많았고, 반연방파에는 토머스 제퍼슨, 패트릭 헨리 등 자유주의 지식인들이 많았다.

연방파는 강력한 연방 정부가 민중을 이끌고 나가야 하며, 각 주 인구에 비례한 숫자로 의원을 선출해 의회를 구성해야 한다고 주장했다. 반연방파는 그렇게 하면 인구가 많은 주가 권력을 휘두르게 되니, 각각의 주에서 동등한 숫자로 의원을 선출해야 한다고 주장했다.

이렇게 시작된 논쟁은 오랫동안 계속되었고, 결국 양쪽의 의견을 절충해 상원과 하원으로 연방 의회를 구성하게 됐다. 각 주의 인구 비례로 선출한 '국민의 대표'가 하원을 구성했고, 인구와 상관없이 똑같은 숫자로 선출한 '주 대표'가 상원을 구성했다. 하원과 상원이라고 하니 마치 서

위: 반연방파를 이끈 토머스 제퍼슨은 미국 3대 대통령을 지냈다(렘브란트 필 그림)
아래: 연방 의회가 열리는 국회의사당

열이 있는 것처럼 보이지만, 두 의회의 위상에 위아래는 없다.

연방 하원

연방 하원과 상원은 우리나라 국회에 해당하는 입법부다. 하원은 일정한 인구 단위로 선거구를 정해 각 선거구당 한 명의 의원을 선출한다. 2020년 기준 하원 의원 선거구는 총 435개이며, 주 이름 뒤에 숫자를 붙여 선거구를 표시한다. '캘리포니아 1', '캘리포니아 2'와 같은 식이다. 캘리포니아처럼 인구가 많은 주는 53개의 선거구가 있는 반면, 알래스카처럼 인구가 적어 선거구가 단 하나뿐인 주도 있다.

하원 의원의 임기는 단 2년이다. 임기가 이렇게 짧은 이유는 국민을 대표해야 할 의원이 본분을 잃고 특권층이 되는 것을 막기 위해서일 것이다. 또 임기가 짧아야 시시때때로 바뀌는 국민의 바람이 선거에 반영될 수 있다. 이는 선출직 공무원의 임기를 짧게 한 고대 아테네와 로마의 전통이기도 하다. 임기가 짧다 보니 하원 의원은 당선하면 바로 다음 선거를 의식해 분주히 움직인다. 유권자인 지역구 주민의 소리에 귀 기울이기 위해 틈나는 대로 지역구를 찾아가 대화의 시간을 갖는다. 이것이 바로 미국 민주 정치의 밑거름인 '타운홀 미팅town hall meeting'이다. 이 미팅에서 끌어모은 주민의 의견을 반영해 법률로 만드는 곳이 바로 하원이다.

하원은 입법 활동 외에 정부의 예산을 심의하고 승인하는 중요한 역할을 한다. 정부 예산은 국민이 낸 세금으로 마련한 것이기 때문에 국민의 대표인 하원의 허락을 받아야 쓸 수 있다. 정부의 일을 단속하고 견제하는 일 역시 주로 하원의 몫이다. 국정 감사는 우리나라처럼 정기적으로 하지 않고 특별한 사안이 있을 때 위원회를 구성해 실시한다. 대통령이 새해를 맞아 국회 연설을 하는 곳도 하원이다. 대통령의 탄핵에 대한 논의도 하원에서 하며, 그 결정은 상원에서 한다.

연방 상원

하원이 국민의 대표라면 상원은 주 대표다. 주 인구와 상관없이 각각의 주에서 똑같이 2명씩 상원 의원을 뽑는다. 미국은 50개 주로 이루어졌으니 총 상원 의원 수는 100명이 된다.

상원은 하원이 인구가 많은 몇몇 주의 이익을 대표하지 못하도록 견제하는 역할을 하며, 하원과 동등한 입법권을 행사한다. 따라서 어떤 법안이든 상원과 하원 모두 동의해야만 통과된다.

상원이 하원과 나눠 가지는 권한이 하나 있는데 그것은 행정부에 대한 견제권이다. 하원이 예산을 다룬다면, 상원은 인사를 다룬다. 즉 대통령의 인사에 대한 승인권이 상원에 있다. 이렇게 대통령은 상하원 양쪽에 상당한 견제를 받는다. 하지만 그 견제의 권한이 두 국회에 나뉘어 있기 때문에 국회가 대통령을 마음대로 휘두를 수는 없다. 대통령이 다른 나라와 조약을 맺을 때 이를 확인하고 동의하는 비준권도 상원에 있다.

상원 의원의 임기는 6년이다. 상원 의원은 주를 대표해 외교관 같은 역할을 한다. 주 발전을 위한 막중한 책임이 있기에 정치적으로 경험이 많은 사람이어야 한다. 임기는 6년이지만 상원 선거는 하원 선거와 함께

왼쪽 위: 일한 압둘라히 오마

왼쪽 아래: 아이아나 프레슬리

오른쪽 위: 알렉산드리아 오카시오코르테스

오른쪽 아래: 러시다 털리브

이들은 모두 제116회(2019~2020) 연방 의회 하원 의원으로 진보 성향의 유색 인종이라는 공통점이 있으며, 이들 4명을 통틀어 '스쿼드The Squad'라는 별칭으로 부르기도 한다

2년마다 열리며, 총 의석 수의 3분의 1을 뽑는다. 즉 2년마다 상원 의원의 3분의 1이 교체된다. 하원은 의장을 직접 선출하지만, 상원은 연방 정부의 부통령이 상원의장을 겸직한다. 부통령은 안건 투표에서 찬성과 반대 표가 똑같을 때만 한 표를 행사할 수 있다.

대통령의 역할과
선거제도

미국은 세계 최초의 대통령제 국가다. 대통령이 미국을 대표하고 행정부와 연방군을 통솔한다. '대통령'을 뜻하는 단어 '프레지던트President'도 미국에서 처음 사용했다. 그런데 이 단어를 '대통령'이라고 옮긴 것은 미국 건국 당시 이 호칭을 선택한 취지에서 벗어난다.

'대통령'은 '사무라이를 통솔하는 최고 사령관'이라는 뜻의 일본어에서 온 호칭이다. 중국에서는 '대통령' 대신 '국가 주석'이라 하고, 대만에서는 특별히 '총통'이라고 부른다. 대통령, 주석, 총통 모두 강력한 힘과 최고의 지위를 내포한 말이다. 반면에 '프레지던트'는 어떤 단체의 대표라면 누구에게나 적용되는 단어다. 대기업 회장이든, 중소기업 사장이든, 동네 구멍 가게 주인이든, 동창회장이든 모두 프레지던트다. 그래서 헌법 제정 당시 이 호칭에 반대한 사람도 적지 않았다. 이렇게 권위 없는 호칭으로 어떻게 주지사들을 이끌 수 있느냐는 것이었다. 그럴 만도 한 것이

'주지사'는 영어로 'Governor' 즉 '통치자'라는 뜻이다.

그런데 '프레지던트'를 택한 의도가 바로 그 권위 없음, 즉 겸손함에 있었다. 대통령은 연방 정부의 행정 책임자일 뿐이지 나라 전체의 통치자가 아니라고 여겼다. 그러니 권력을 행사하려 하지 말고 주들의 의견에 귀 기울이며 연방 전체의 방향을 올곧게 이끌라는 의도였다. 실제로 건국 초기의 대통령은 주들의 회의를 이끄는 의장 역할을 할 뿐이었다. 상황이 달라진 것은 남북전쟁 이후였다. 연방 정부의 힘이 막강해지면서 대통령이 명실상부 국가 원수가 된 것이다.

대통령의 역할

오늘날 미국 대통령은 거대한 연방 행정부를 지휘한다. 세계 최강인 미 연방군 최고 사령관이기도 하다. 연방 법원 판사나 연방 대법관을 임명하는 것도 대통령의 몫이다. 다만 이 모든 일은 대통령 혼자서 결정하는 게 아니라 반드시 국회의 승인을 얻고 진행해야 한다.

대통령의 힘이 막강한 것은 사실이지만 주지사들을 압도하는 것은 아니다. 미국 주지사들은 지방자치가 이루어지는 다른 어떤 나라의 자치단체장보다 많은 권한을 갖고 있다. 주지사가 독자적으로 군 통수권을 지닌 나라도 준 내전 상태의 나라를 제외하면 미국밖에 없다. 미국 대통령은 나라 안에서 주지사들의 협조 없이는 권한을 행사하기가 거의 불가능하다. 2020년 5월, 인종차별 항의 시위가 전국으로 확대됐을 때 도널드 트럼프 대통령은 군부대를 동원해 강경한 진압을 하겠다고 했다. 하

미국 대통령이 머무는 백악관

지만 많은 주지사들이 반대했고, 오히려 경찰이 시위에 동참하는 주들도 많았다. 트럼프는 더욱 분노했지만 어쩔 도리가 없었다.

미국은 철저히 각 주의 자치를 바탕으로 한 나라다. 각각의 주가 독자적인 정부를 갖춘 하나의 나라나 마찬가지다. 연방을 이끄는 대통령이라고 해서 각각의 주 정부 일에 간섭할 수는 없다. 미국 대통령 선거제도가 복잡한 것은 이 때문이다.

대통령 선거제도

미국 대통령 선거 과정은 거의 1년에 걸쳐 진행된다. 각 정당에서 대통령 선거 후보를 선출하는 예비 선거를 치르고, 그 후 본 선거를 치르기 때문이다. 예비 선거는 각 주에서 일반 유권자나 당원들이 대의원들을 선출하고, 그 대의원들이 각 정당의 대통령 후보를 선출한다. 그렇게 50개 주에서 후보 경선이 끝나면 전국 단위 전당 대회를 열고 각 정당의 대통령 후보를 확정한다.

본 선거 역시 비슷한 방식으로 진행한다. 우선 국민들은 자신이 원하는 대통령 후보에게 투표한다. 그 결과에 따라 각 주의 당선자를 발표하며, 각 후보의 총 득표수를 산출해 낸다. 그리고 주마다 인구 비례로 할당된 선거인단이 모여 자기 주에서 당선된 후보에게 투표한다. 그 결과에 따라 대통령 당선자를 확정하는 것이다.

선거인단 수를 많이 확보하는 후보가 당선하는 것인데, 그 수는 주별 득표율에 따라 확보되는 게 아니다. 주에서 단 1퍼센트라도 많이 득표한 후보가 그 주에 할당된 선거인단을 모두 차지하는 '승자 독식 방식'이다.

예를 들어 캘리포니아주 당선자인 A 후보가 51퍼센트 득표했다면 여기에 할당된 55명의 선거인단은 모두 A에게 투표한다. 그것이 캘리포니아 주민들의 선택이기 때문이다. 알래스카, 버몬트, 와이오밍처럼 아무리 작은 주라도 선거인단 수는 최소 3명이다. 50개 주의 총 선거인단은 538명으로 과반인 270표 이상 얻으면 당선이 된다. 만일 득표수가 똑같이 나온다면 국회에서 결선 투표를 한다. 대통령은 하원에서, 부통령은 상원에서 투표해 선출한다.

우리나라처럼 국민 투표를 통한 총 득표수로 대통령을 정하지 않고 선거인단 투표를 하는 이유는 무엇일까? 만일 국민 투표를 통해 50개 주 가운데 26개 주에서 승리한 후보를 대통령으로 정하면 어떨까? 그것은 불공정하다. 인구 수백만인 주와 수천만인 주를 똑같이 볼 수는 없기 때문이다. 예를 들어 인구 300만인 10개 주에서 승리한 후보가 인구 4,000만인 1개 주에서 승리한 후보를 월등히 앞서는 식의 결과는 받아들일 수 없다. 그렇다고 10개의 대규모 주에서 승리하고 40개의 소규모 주에서 패배한 후보를 50개 주 전체를 대표하는 대통령으로 받아들이기도 어렵다. 바로 이 두 문제를 절충한 것이 주별 대통령 선거인단 승자 독식 방식이다.

이 독특한 선거제도가 묘한 균형을 만들어 준다. 만약 국민의 총 득표수로 대통령을 선출한다면 캘리포니아, 텍사스, 뉴욕, 플로리다, 일리노이, 펜실베이니아의 6개 대형 주에서 80퍼센트 이상의 몰표를 받은 후보가 40개 주에서 골고루 60퍼센트의 지지를 받은 후보를 이기고 당선될

❶ 주별로 대통령 당선자를 선출한다

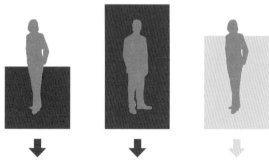

❷ 주별 인구 규모에 따라 할당된 선거인단이
그 주의 선출된 후보에게 몰표를 준다

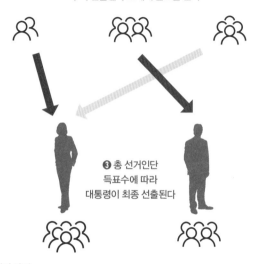

❸ 총 선거인단
득표수에 따라
대통령이 최종 선출된다

미국 대통령 선거 방법

것이다. 이렇게 되면 미국 전체를 위한 대통령이 아니라 자신을 지지하는 지역의 맹주 노릇을 하기 쉽다. 미국에서는 몇몇 대규모 주의 몰표만으로, 또는 소규모 26개 주의 지지만으로는 대통령이 될 수 없다. 많은 국민의 지지를 받으면서, 동시에 그 지지가 여러 주에 골고루 분포돼 있는 후보가 당선될 확률이 높다. 그래서 미국 역대 대통령들을 보면 극단적인 사상을 지닌 정치인보다 중도적인 정치인이 많았다. 다시 말해 정권이 교체되더라도 극단적으로 정책이 바뀔 가능성은 별로 없다.

주의 독립성이 강한
지방자치1

미국 독립선언문을 작성하고 승인한 주체는 당시 영국 식민지였던 13개 주 대표들이다. 독립을 선포한 그들은 서로 단합해서 미국을 세우되 다른 나라들이 넘보지 못할 강력한 연합을 이루어야 한다고 의견을 모았다. 영국으로부터 독립하더라도 프랑스, 스페인 등 다른 유럽 강대국이 언제든지 쳐들어올 수 있었기 때문이다. 당시 미국의 힘은 오늘날과 달리 유럽보다 많이 뒤처진 상태였다.

연합을 이루는 데 또 하나 중요하게 여긴 것이 있었다. 서로 강하게 단결하면서도 각 주들의 독립성을 훼손하는 일이 있어서는 안 된다는 것이었다. 사실상 서로 다른 나라나 마찬가지인 주들이 모여 연합한 것이었기 때문이다. 강한 연합과 철저한 독립성, 이 둘의 정신을 담아 헌법을 만들고 나라를 세운 것이다. 그렇다 보니 미국은 지방 정부의 위상이 상당히 높지만, 옛 소련이나 유고 연방과는 달리 연방의 결속도 단단하다.

그럼 미국의 지방자치는 어떻게 이루어지는지 알아보자.

주 州, State

미국 지방자치의 가장 큰 단위는 '스테이트State'로, 우리말로는 '주'라고 한다. 그런데 영어 사전에서 'State'를 찾아보면 '국가'라고 나와 있다. 실제로 미국의 각 주는 지방자치와 독립국가 중간쯤의 권한을 지닌다.

미국의 주는 총 50개이며, 각각의 주는 삼권분립의 원칙을 지키는 독자적인 정부를 갖고 있다. 연방 정부에 대통령이 있다면 주 정부에는 '주지사'가 있다. 또 국회에 해당하는 '주의회'가 있다. 우리나라에도 도지사와 도의회, 시장과 시의회가 있지만, 그 권한이 미국의 주와는 전혀 다르다. 우리나라 도지사나 시장은 경찰도 통솔하지 못하지만, 미국 주지사는 경찰은 물론 군대(주방위군)까지 통솔할 수 있다.

주의회 역시 국회나 다름없는 권한을 행사한다. 입법부인 주의회는 주의 법률을 제정한다. 주 법률은 다른 주에서는 효력이 없지만, 해당 주 안에서는 우리나라의 법률과 같은 강제력을 지닌다. 우리나라 시·도 의회가 제정하는 조례는 위반 행위에 대해 벌금이나 과태료를 부과할 뿐이지만, 미국의 주 법률은 징역이나 사형까지 구형할 수 있다.

주마다 법률을 제정하기 때문에 미국의 법률 체계는 무척 복잡하다.

이 주에서는 합법인 행위가 다른 주에서는 불법이 되기도 한다. 혼인 연령과 그 신고 절차도 주마다 다르고, 법정 최고형이 사형인 주도 있고 무기징역인 주도 있다. 동성 간 결혼은 2015년 6월부터 미국 전역에서 합법화됐지만, 그 이전에는 합법인 주도 있었고, 불법인 주도 있었다. 법원은 각각의 주에 지방법원, 고등법원, 대법원이 모두 있다.

50개 주는 그 규모도 천차만별이다. 캘리포니아주처럼 독일, 프랑스 등과 국력이 맞먹는 거대한 주가 있는가 하면, 로드아일랜드주처럼 우리나라 광주광역시 정도의 작은 주도 있다. 하지만 각 주의 권한은 모두 동등하다.

도시 City, Town , 카운티 County

각각의 주도 중앙집권이 아니라 더 작은 단위의 지방자치 단체들로 이루어져 있는데, 그 단위가 바로 '도시'다. 미국에서 '시티City' 또는 '타운Town'이라고 부르는 것을 편의상 우리말로 '도시'라고 한다. 시티가 대도시라면 타운은 소도시라고 할 수 있다. 그래서 시티보다 타운이 훨씬 많으며, 미국인들이 소속감을 느끼며 살아가는 지역사회는 타운이다.

각각의 도시는 아무리 작은 도시라도 선거로 선출한 시장과 시의원들이 있고, 독자적인 입법과 행정을 한다. 도시 단위로 자치가 이루어지다 보니 주 정부 행정이 곤란을 겪을 수도 있다. 주지사가 대통령의 하급자나 부하가 아니듯이, 각 도시 시장 역시 주지사의 하급자나 부하가 아니다. 따라서 각 도시는 철저히 자치에 따라 운영되며 주지사가 도시의 행정에 간섭할 수 없다. 그렇다고 마냥 내버려 두면 도시마다 제멋대로 나갈 수 있어 주 운영이 어려워진다.

그런 문제를 막기 위해 주 정부와 시 정부를 연결하는 중간 단계의 행정구역을 둔다. 바로 '카운티'다. 대체로 몇 개의 도시가 모여 하나의 카운티를 이룬다. 다만 뉴욕시 같은 거대 도시는 카운티들이 모여 하나의 도시를 이룬 경우다. 그래서 뉴욕시가 별도의 주로 독립해야 한다는 주장도 있다.

미국은 교육제도도 각 도시의 자치로 운영된다. 도시마다 다양한 지역 단위별로 교육 행정을 담당하는 교육구를 두며, 교육구마다 교육감과 교육위원을 선출해 관내의 학교들을 관리한다. 교육감은 지역에 따라 선거로 뽑기도 하고 주지사나 시장이 임명하기도 한다. 교육구별로 상당한 자치권이 있기 때문에 같은 도시 안에서도 교육 과정, 학교 운영 방식, 교사 임용 과정, 심지어 교사의 보수까지 다른 경우도 많다.

재판을 여섯 번 받을 수 있는
사법 체계

미국의 사법 체계는 세계에서 가장 복잡하다. 연방법과 주법을 별도로 제정하고 적용하기 때문이다. 따라서 법원도 연방법을 적용하는 연방 법원과 주법을 적용하는 주 법원이 있고, 검찰도 연방 검찰청과 주 검찰청이 있다. 연방 법원과 연방 검찰은 연방법 관련 사건이나 여러 주에 걸쳐 발생한 사건을 담당하고, 주 법원과 주 검찰은 주법 관련 사건을 담당한다. 연방 법원과 주 법원 모두 각각 지방법원, 고등법원, 대법원에서 심판을 받을 수 있는 삼심제를 채택하고 있다. 특별한 경우가 아닌 한 일반인들이 접하게 될 법원과 검찰은 주 법원과 주 검찰이다.

이론적으로는 연방 법원까지 해서 여섯 번까지 심판을 받을 수 있다. 주 지방법원, 주 고등법원, 주 대법원의 판결을 받고 나서 필요에 따라 연방 지방법원, 연방 고등법원, 연방 대법원의 판결을 받는 것이다. 예를 들면 어떤 행위가 주법과 연방법 모두에 저촉될 경우, 같은 범죄에 대해 주법과 연방법 형량이 다르게 규정된 경우, 어느 주의 사건으로 처리된 것을 피고가 여러 주에 걸친 사건이라고 항변하는 경우, 주에서 재판 중인 사건과 관련해 다른 주에서 새로운 피해자가 나타나거나 공범이 체포될 경우 등이 그렇다. 다만 미 연방 대법원은 우리나라로 치면 대법원보다는 헌법재판소에 가깝기 때문에 사실상 심판은 최대 다섯 번에서 그친다. 다른 나라들이 최대 세 번인 것에 비하면 무척 많은 편이다. 미국에 변호사가 많은 것도 그 때문인지 모른다.

연방 법원

미국 연방 법원은 연방 지방법원, 연방 고등법원(순회항소법원), 연방 대법원으로 이루어졌다. 연방 지방법원은 전국 94개 지역에 설치되어 있다. 주에 따라 적은 곳은 1개, 많은 곳은 4개까지 있다.

위: 워싱턴 D.C.에 있는 연방 대법원
아래: 연방 대법관(1993. 8.~2020. 9.)을 지낸 루스 베이더 긴즈버그

연방 고등법원은 전국에 걸쳐 설치된 12개가 50개 주를 나누어 관할하며, 워싱턴 D.C.에 있는 연방 순회항소법원도 고등법원 격이다. 순회항소법원은 특허 사건에 대한 연방 지방법원의 판결에 불복하여 재심을 요구할 경우 항소심을 담당하는 곳이다.

연방 대법원은 워싱턴 D.C.에 있으며, 1명의 대법원장과 8명의 대법관으로 구성된다. 연방 대법원에서는 헌법에 어긋난 법률, 즉 위헌 법률을 심판하거나 최고 상고심 등을 담당해 판결을 내린다.

연방 법원 판사는 상원의 승인을 얻어 대통령이 임명하는데, 지방법원 판사는 반드시 해당 지역 사람 중에서 임명한다. 연방 판사의 임기는 6년이지만 연임 횟수에 제한이 없다. 연방 대법원장과 대법관도 대통령이 임명하는데, 임기가 정해지지 않아 사망, 은퇴, 사직, 탄핵을 통해서만 자리에서 물러날 수 있다. 즉 일단 임명되면 대통령도 상원도 간섭할 수 없고, 이를 통해 사법부의 완전한 독립이 보장된다.

주 법원

미국은 주마다 법률이 다르고 주 법원을 구성하는 방법도 다르다. 물론 지방법원, 고등법원, 대법원이 설치되는 것은 공통 사항이지만, 그 밖에는 모두 주의 자율에 맡긴다. 주 법원 판사 임명은 주에 따라 주민들의 직접선거로 선출하기도 하고, 주지사가 주의회의 동의를 얻어 임명하기도 한다. 주 대법원은 각 주에 하나씩 있고, 고등법원과 지방법원의 수는 주의 규모에 따라 다르다.

미국은 우리나라의 민법, 형법에 해당하는 대부분의 법률이 연방법이 아니라 주법에 규정되어 있다. 따라서 연방이 관여해야 할 특별한 사건이 아닌 한 대부분의 재판은 연방 법원이 아니라 주 법원에서 열린다. 미국 영화에서 볼 수 있는 재판 장면도 대부분 주 법원 사건들이다.

연방 검찰

연방 검찰은 전국에 걸쳐 93개 지역에 설치된 연방 검찰청으로 이루어져 있다. 각 연방 검찰청에는 연방 검사 1명과 검사보들이 함께 일한다. 연방 검사는 대통령이 상원의 승인을 받아 임명하며, 임기는 4년이다. 검사보는 해당 지역에서 변호사 자격을 갖춘 사람들을 채용한다. 93명의 연방 검사를 지휘하는 총 책임자는 연방 검찰총장이다. 연방 검찰총장은 연방 법무장관 직무도 맡고 있다.

주 검찰

형사 재판의 대부분은 연방 검찰보다 주 검찰 관할이다. 각 주에 있는 검찰마다 주 검찰총장(주 법무장관)이 있고, 주를 몇 개의 관할지역으로 나누어 지방검찰청을 둔다. 주 검찰의 지방검찰청도 연방 검찰청과 마찬가지로 총 93개가 있다. 이 지방검찰청을 관할하는 지방 검사가 바로 범죄와의 전쟁을 이끄는 야전 지휘관이다.

지방 검사는 주지사나 주 법무장관이 임명하지 않고 주민들이 직접 선거로 뽑는다. 정치적 야심이 있는 사람들에게 인기 있는 직책이 바로 지방 검사다. 그동안의 선례를 보면 지방 검사가 걷는 삶의 행보는 보통 이렇다. 먼저 변호사 자격을 따고, 지방 검사 선거에 나가 당선이 되고, 정의의 칼날을 휘둘러 인기를 끌고 나서 상원 의원이나 주지사 선거에 도전한다.

연방 검사나 지방 검사를 막론하고 미국 검사들의 권한은 우리나라 검사들보다 훨씬 약하다. 미국의 검사는 피의자를 재판에 기소해 유죄 판결을 받아 내는 것이 주 업무다. 범죄를 수사하는 단계에서는 경찰이나 연방 수사기관이 권한을 행사한다. 물론 미국도 검사가 경찰의 수사를 지휘하지만, 이는 유죄를 입증하는 데 필요한 증거를 요구하거나, 경찰이 수사 과정에서 재판에 불리한 불법, 편법을 사용하지 않도록 감독하는 역할이다.

미국 검사들의 독특한 권한 중 하나는 '형량 거래'다. 피의자가 유죄를 인정하거나 공범에 대한 정보 등을 제공할 경우 검사는 형량을 줄여 주거나, 재판에 넘기지 않는 불기소 결정을 내리거나, 증인 보호 조치 등을 해 줄 수 있다. 그래서 사실상 미국의 형사 재판에서는 변호사와 검사가 배심원 앞에서 치열하게 맞서기보다 법정 뒤에서 미리 만나 타협을 하는 경우가 많다.

다양한 수사기관,
치안기관

카운티 보안관 사무소

미국은 경찰 외에도 경찰처럼 수사권이 있는 공무원과 기관이 많다. 심지어 국립공원 관리인도 공원 구역 안에서는 경찰 권한을 행사한다.

그런데 원칙적으로 미국의 일반적인 수사·치안 기관은 경찰서가 아니라 보안관 사무소다. 경찰이 도시 담당이라면 보안관은 카운티 담당인데, 경찰서는 도시 규모에 따라 있기도 하고 없기도 하지만, 보안관 사무소는 모든 카운티에 설치되어 있다. 다만 경찰서 소속이든, 보안관 사무소 소속이든 보통은 그냥 '경찰관'이라고 부른다.

카운티 보안관 사무소를 책임진 보안관은 우리나라의 경찰서장 격이라 할 수 있다. 다만 카운티 규모가 천차만별이다 보니 로스앤젤레스 카운티처럼 우리나라 시·도 경찰청장 격의 보안관이 있는가 하면, 동네 지구대장 같은 보안관도 많다. 심지어 부하 직원 없이 혼자서 사무소를 지키고 있는 보안관도 있다. 보안관 임용은 시장이나 주지사가 임명하기도 하고, 주민이 직접선거로 선출하기도 한다.

한편 미국 수사기관 중 보안관의 역사는 비교적 오래됐다. 초기의 보안관 모습은 서부 개척시대를 배경으로 한 서부 영화에서 볼 수 있다. 서부 영화 속 보안관들은 주로 카우보이 모자를 쓰고 총을 들고 다니며 무법자들로부터 마을을 지키는 정의의 사도로 등장한다.

위: 로스앤젤레스 카운티 보안관 휘장
아래: 플로리다주 브로워드 카운티 보안관 사무소

도시 경찰

미국에서 경찰은 '도시'에서 독자적으로 운영하는 치안·수사 기관이다. 규모가 크고 예산이 충분한 도시들은 대개 자체 경찰을 운영한다. 그 예로 뉴욕 경찰NYPD, LA 경찰LAPD, 샌프란시스코 경찰SFPD 등이 있다. NYPD는 New York Police Department의 약자다.

NYPD, LAPD, SFPD 등은 도시 소속이기 때문에 각각 뉴욕 시장, LA 시장, 샌프란시스코 시장의 지휘를 받는다. 즉 경찰은 소속 도시를 나가 다른 도시로 가면 권한을 행사하지 못한다. 다른 도시에서 권한을 행사하려면 해당 지역 경찰이나 카운티 보안관의 협조를 받아야 한다.

이와 별도로 각 주에서 운영하는 주 경찰도 있다. 하지만 카운티 보안관이나 도시 경찰이 대부분의 치안을 담당하기 때문에 주 경찰은 규모가 크지 않다. 여러 카운티에 걸쳐 있는 범죄, 고속도로 순찰, 테러나 무장범죄 사건 등이 주 경찰 관할이지만, 범위가 넓은 범죄는 보통 연방 수사국이 맡는다. 그래서 주 경찰은 도시 경찰이나 연방 수사기관에 비해 존재감이 약하다. 범죄 영화에서도 큰 도시 경찰이나 연방 수사국 요원 또는 시골 보안관은 흔히 보이지만, 주 경찰은 거의 모습을 볼 수 없다.

그렇다면 연방 법원, 연방 검찰에 해당하는 수사기관, 즉 연방법 위반 범죄나 여러 주에 걸친 범죄는 어디에서 수사를 담당할까? 미국에는 그런 역할을 담당하는 수사기관이 매우 많다. 연방 정부 각 부처에서 해당 분야 범죄 수사를 전담하는 연방 수사기관과 수사관들을 두기 때문이다. 이 수사관들을 '연방 요원'이라고 부르며, 이들이 연방 정부를 대리해 법을 집행한다.

대표적인 연방 수사기관에는 어떤 것들이 있는지 알아보자.

연방 수사국 FBI: Federal Bureau of Investigation

연방 수사국은 법무부 수사국에서 출발한 기관이다. FBI라는 약자로 잘 알려져 있으며, 영화나 드라마에 많이 등장해 미국 정부기관 중 가장 유명하다. 각 도시에 경찰이 있는 것처럼 연방 수사국은 연방 정부의 경찰인 셈이지만, 사실상 그 위상과 권한은 엄청나다. 그렇다 보니 권한을 함부로 행사하지 못하게 견제하거나 다른 기관들에 권한을 일부 나눠 줘야 한다는 주장도 나온다.

연방 수사국에서 맡는 사건은 연방법과 관련된 범죄, 여러 주에 걸쳐 일어난 범죄, 사회적으로 엄중한 사건, 테러나 국가 안보에 관련된 사건, 금융 사기, 인질 구출 사건 등이다. 이런 중대한 사건을 맡다 보니 일반 수사뿐 아니라 국가 보안을 위한 각종 정보 수집, 테러나 국가 변란 세력과의 전투 등에까지 권한을 행사하게 되었다. 우리나라로 치면 경찰, 검찰, 국정원, 금융감독원, 대 테러 특수부대의 역할까지 겸하는 셈이다. 확실히 그 권한이 막강하다.

다만 수사만 할 수 있을 뿐 법원에 재판을 요구하는 기소는 할 수 없다. 수사는 연방 수사국이, 기소는 검찰이 맡는다. 미국은 절대 한 사람이나 기관에 권력을 몰아 주지 않는다.

위: 워싱턴에 있는 연방 수사국 건물
아래: 마약단속국 휘장

마약단속국DEA: Drug Enforcement Administration

마약단속국은 연방 수사국과 마찬가지로 법무부 소속 수사기관이다. 마약 유통과 밀수, 투약 등에 대해 단속하는 일을 담당한다.

미국에는 평범한 청년들도 마약을 투약할 만큼 은밀한 마약 거래가 넓고 깊게 퍼져 있다. 아무리 단속을 강화해도 오히려 마약 값만 더 치솟아서 결국 마약을 유통하는 조직들의 범죄가 더 늘어나고 있다.

마약단속국은 해외로 나가 첩보기관에 가까운 역할을 할 때도 많다. 마약의 원료를 생산해 내는 식물이 주로 다른 나라에서 재배되고, 외국 범죄 조직을 통해 마약이 들어오는 경우가 많기 때문이다. 또 마약 범죄자가 조직 범죄자이면서 전투 장비를 갖춘 무장 세력인 경우가 많기 때문에 마약단속국은 준 군사조직과 같은 작전 능력을 펼치기도 한다.

주류·담배·화기 및 폭발물 단속국

ATF: Bureau of Alcohol Tobacco Firearms and Explosives

역시 법무부 소속 수사기관이다. 오늘날 이 기관의 업무는 불법 무기를 제작, 거래하는 행위를 단속하는 일이 대부분이다. 주류에 대한 단속은 미국에 금주법이 시행되었던 1920년대에 담당했던 일이다. 그때는 술이 마약처럼 범죄 조직의 주요 상품으로 거래되었던 것이다.

미국은 총기 소지에 대한 권리를 남용하는 범죄자들이 많다. 범죄 조직의 대부분이 총기로 무장하고 있으며, 총기를 불법으로 거래하는 조직도 많다. 마약 밀거래 조직이나 테러 조직 역시 총기와 폭발물을 사용하는 경우가 많다. 따라서 주류·담배·화기 및 폭발물 단속국은 연방 수사국이나 마약단속국과 협조해서 수사하는 경우가 많다.

비밀경호국 Secret Service

비밀경호국은 원래 돈과 관련한 사건을 수사하는 기관이다. 20세기까지는 위조지폐 관련 사건을 주로 담당했고, 오늘날에는 신용카드, 암호화폐, 금융 관련 사이버 범죄 등에까지 범위를 넓혔다.

한편 비밀경호국은 대통령을 경호하는 일도 맡고 있다. 1901년 윌리엄 매킨리 대통령이 암살당한 뒤로 위조지폐 수사보다는 대통령 경호에 대한 책임이 훨씬 막중해졌다.

연방 보안관 US Marshal

연방 보안관은 카운티 보안관 사무소의 보안관과는 전혀 다르다. 경찰과 비슷한 일을 하지만, 수사기관은 아니다.

연방 보안관은 재판 과정과 재판 이후에 필요한 치안 업무를 담당한다. 영화나 드라마에서 탈옥수를 추적하며 여기저기 뛰는 인물이 바로 연방 보안관이다. 예를 들면 다음과 같은 일을 한다.

❶ 법원의 결정을 집행한다. 재산을 압류하는 일, 죄수를 호송하거나 교도소에 집어넣는 일, 법정에 피고나 증인을 소환하는 일 등을

위: 비밀경호국 휘장
가운데: 연방 보안관 휘장
아래: 법정으로 죄수를 호송하고 있는 연방 보안관

한다.

❷ 법원의 안전을 유지한다. 법원을 경비하고, 판사 및 증인에 대한 보호 임무를 담당한다.

❸ 수배자나 탈주범을 추적해 체포한다.

모든 산업의 일등 국가

미국은 세계 최대의 경제 규모를 자랑한다. 규모가 압도적으로 클 뿐만 아니라 질적으로도 매우 높은 수준이다. 2019년 국내총생산GDP을 나타낸 121쪽의 그래프를 보면 미국은 약 21조 3,446억 달러로 전 세계 87조 달러의 24퍼센트 정도를 차지한다. 독일, 프랑스 등 유럽연합의 GDP를 모두 합쳐도 미국에 미치지 못한다. 중국도 인구는 미국의 네 배나 되지만 GDP는 14조 2,165억 달러로 미국의 3분의 2에 그친다. 중국, 일본, 독일의 GDP를 모두 합쳐야 미국과 비슷해진다.

중국은 GDP 총액만 많지 1인당 GDP는 약 1만 달러의 초라한 수치를 보인다. 반면에 미국은 1인당 GDP도 6만 5,000달러가 넘는다. 독일, 일본, 프랑스, 영국 등의 선진국들을 압도한다. 1인당 GDP가 6만 달러 이상인 나라는 인구 1,000만 명 이하의 작은 나라나 도시국가를 제외하면 미국이 유일하다. 어느 모로 보나 미국은 세계 최대의 경제 대국이다.

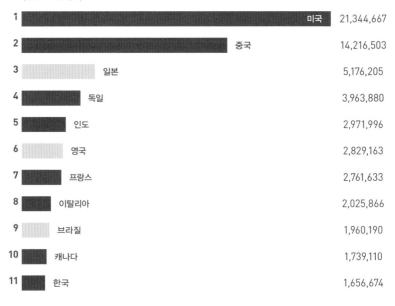

(단위: 100만 달러)

순위	국가	금액
1	미국	21,344,667
2	중국	14,216,503
3	일본	5,176,205
4	독일	3,963,880
5	인도	2,971,996
6	영국	2,829,163
7	프랑스	2,761,633
8	이탈리아	2,025,866
9	브라질	1,960,190
10	캐나다	1,739,110
11	한국	1,656,674

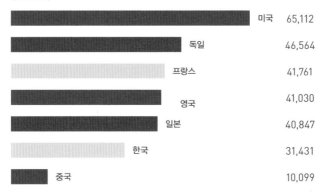

(단위: 달러)

국가	금액
미국	65,112
독일	46,564
프랑스	41,761
영국	41,030
일본	40,847
한국	31,431
중국	10,099

위: 2019년 세계 국내총생산 순위(자료: 국제통화기금)
아래: 2019년 주요 국가 1인당 국내총생산(자료: 국제통화기금)

참고로 우리나라의 1인당 GDP는 약 3만 1,431달러로 이탈리아, 스페인과 비슷한 수준이다.

미국이 이렇게 경제 대국으로 우뚝 선 것은 산업의 여러 분야가 골고루 발달했기 때문이다. 첫째, 미국은 세계 최대의 자원 부국이다. 선진국들 중 석유를 자급자족할 수 있는 유일한 나라이며, 산업 생산에 가장 중요한 석탄과 철도 자급자족한다. 한때 중국이 반도체 원료인 희토류를 무기로 삼아 미국을 흔들 수 있다고 주장했지만, 미국은 그 희토류마저 얼마든지 자급자족할 수 있다. 다만 희토류를 캐내려면 방사능 유출을 비롯해 여러 문제가 생기므로 중국산을 사서 썼을 뿐이다.

둘째, 미국은 세계 1위 제조 강국이다. 그런데 21세기 들어 많은 생산 시설이 저렴한 임금을 찾아 외국으로 속속 빠져나가고 있다. 본사만 미국에 남겨 두고 멕시코, 중국, 동남아시아 등으로 공장을 옮기는 것이다. 그러다 보니 실업자가 늘어나고 생각지 못한 여러 가지 사회 문제가 발생하고 있다. 2020년 코로나19 바이러스 사태로 많은 사람이 목숨을 잃기도 했다. 세계 마스크 생산 1, 2위 기업이 모두 미국 기업인데도 오히려 미국인이 마스크를 구하지 못해 그런 어이없는 결과가 빚어진 것이다.

셋째, 미국은 세계 최대의 금융 대국이다. 특히 뉴욕은 1세기가 넘도록 세계 최대의 금융 허브로 선두를 지키고 있다. 뉴욕, 런던, 홍콩, 싱가포르를 세계 4대 금융 허브라 하지만, 뉴욕이 단연코 압도적이다. 나머지 셋의 힘을 합쳐도 뉴욕에 미치지 못한다. 글로벌 금융기업들이 모여 있는 뉴욕의 '월스트리트'는 이제 금융가를 뜻하는 일반명사가 되었다.

넷째, 미국은 세계 최대의 농업국이다. 일반적으로 선진국은 산업국가와 금융국가로 발전하고, 개발도상국은 농어업 같은 1차 산업 중심의 경제 구조인 경우가 많다. 하지만 미국은 양쪽 모두에서 독보적인 힘을 자랑한다. 미국은 밀·쌀·옥수수 등 곡류와 돼지고기·쇠고기 등 육류, 오렌지·포도·파인애플·사과 등 과일류를 모두 엄청나게 많이 생산한다. 미국 내 수요를 모두 충당하고도 남아돌아서 엄청난 물량을 수출하고 있다.

자유로운 경쟁을 앞세운 시장경제

미국은 자유로운 시장경제가 가장 잘 보존되어 있는 나라다. 연방 정부는 기업에 대한 규제를 가급적 하지 않으려 한다. 시장에 개입해 가격과 거래량을 인위적으로 책정하기보다 시장에서 저절로 균형을 찾아가기를 기다린다. 물론 이는 다른 나라에 비해 그런 편이라는 것이다. 경제학자 애덤 스미스가 《국부론》에서 말한 '보이지 않는 손' 수준의 완전한 자유시장과는 거리가 있다.

미국은 프랭클린 루스벨트(1933~1945 재임)와 린든 존슨(1963~1969 재임) 대통령을 거치면서 공공 사회복지 정책도 상당히 많이 도입했다. 19세기 미국인들의 눈으로 보면 지금의 미국은 거의 사회주의에 가까울 수도 있다. 실제로 미국 보수주의자들은 루스벨트, 존슨, 오바마를 사회주의자로 부르기도 한다. 루스벨트는 공공사업을 대규모로 실시했고, 존슨은 공공 사회복지 정책을 도입했고, 오바마는 공공 의료 정책을 도입했다.

그러나 미국은 여전히 우리나라나 유럽에 비해 정부가 경제에 개입하는 일이 매우 적은 편이다. 많은 경제 부문이 민간기업에 맡겨져 있고,

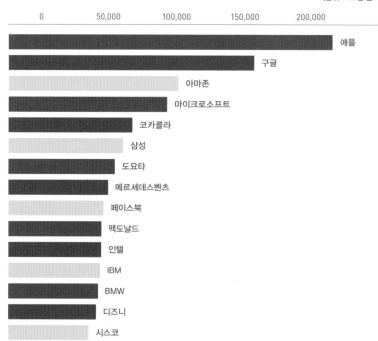

(단위: 100만 달러)

0	
50,000	
100,000	
150,000	
200,000	

애플
구글
아마존
마이크로소프트
코카콜라
삼성
도요타
메르세데스벤츠
페이스북
맥도날드
인텔
IBM
BMW
디즈니
시스코

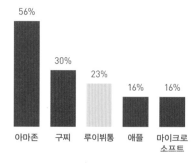

56%
30%
23%
16%
16%

아마존　구찌　루이뷔통　애플　마이크로
소프트

위: 2018년 세계 15대 브랜드 순위(자료: 인터브랜드)
아래: 2018년 세계 브랜드 성장률 순위(자료: 인터브랜드)

공공기업이나 국영기업은 많지 않다. 당연히 국가가 운영해야 할 것 같은 부문까지 민간이 맡고 있다. 심지어 교도소까지 민간기업이 정부와 위탁계약을 맺고 운영한다.

시장경제가 이렇게 자유롭다 보니 노동자들의 권익은 보호받기가 어렵다. 미국의 노동자들은 우리나라보다 훨씬 쉽게 해고당한다. 복지제도가 부족해 해고를 당하면 떳떳하게 도움을 청할 곳도 없다. 그 대신 취업의 기회는 많은 편이다. 쉽게 해고된다는 것은 그만큼 새 일자리도 많다는 뜻이다. 문제는 이 과정을 반복하면서 열악한 일자리를 구하는 경우가 많다는 것이다. 특히 21세기 이후로는 일자리를 통해 안정적인 삶을 기대하기가 점점 어려워지고 있다.

미국인들은 시장경제의 종주국답게 이익을 따져 흥정하기를 좋아한다. 임금도 학력이나 근무 연수에 대한 편견 없이 능력을 최우선으로 여긴다. 기업에 실질적인 이익을 가져다주는 사람을 가장 가치 있게 평가하는 것이다.

이런 상황이다 보니 미국은 세계 어느 나라보다 경제가 힘차고 활발하게 움직인다. 2018년 기준 세계 15대 브랜드 중 무려 11개를 미국이 차지하고 있다. 이러한 역동적인 흐름에 발맞추지 못하면 그만큼 불안정하고 위태롭다. 하지만 경제에서 역동성과 안정성을 동시에 갖추기는 매우 어렵다. 둘 중 한쪽에 무게중심을 두어야 한다.

미국은 역동을 위해 안정을 어느 정도 포기한 게 분명하다. 그러니 무일푼의 젊은이들이 참신하고 기발한 아이디어 하나만으로 애플이나 페이스북 같은 세계적인 대기업을 만들어 낼 수 있었던 것이다. 또 그렇다 보니 20세기를 지배하다시피 한 거대 기업이 하루아침에 무너져 수많은 중산층 노동자들이 실업자가 되는 일도 있었다. 게다가 현재 미국의 4대 기업은 모두 IT 기업으로 공장이 필요 없는 기업들이다. 실업자가 된 노동자들은 어디로 가야 할까?

기축통화

미국 경제의 가장 강력한 힘은 무엇보다도 '달러화'에서 비롯된다. 사실 달러는 세계 여러 나라에서 사용하는 화폐 단위이고, 미국 달러가 최초의 달러도 아니다. 하지만 보통 달러라고 하면 미국 달러를 일컫고, 다른 나라의 달러는 싱가포르 달러, 홍콩 달러, 뉴타이완 달러, 호주 달러처럼 '달러' 앞에 나라 이름을 붙여서 사용한다.

달러화는 현재 '기축통화'로 사용되고 있다. 기축통화란 국제 거래에서 기준이 되는 통화이며, 국제 간 금융 거래를 할 때 사용하는 통화다. 그런데 국제법 어디에도 달러를 국제 기준 통화로 사용한다는 규정은 없다. 나라 간에 그러자고 합의한 조약도 없고, 심지어 미국이 그러자고 한 적도 없다. 경제의 흐름상 자연스럽게 국제 거래에서 너도나도 달러로 결제할 뿐이다.

1차 세계대전 전까지 국제통화의 기준은 금이었다. 세계 모든 화폐의 환율이 금을 기준으로 계산되었다. 이것을 '금 본위제'라고 한다. 화폐를 더 찍고 싶으면 금을 더 확보해야 했다. 그러다 1944년 국제통화 금융회의에서 체결한 '브레턴우즈 협정'에 따라 미국 달러만 금을 기준으로 계산하기로 했다. 다른 나라 화폐는 미국 달러를 기준으로 계산해야 했다. 이로써 달러는 단지 미국의 화폐가 아니라 세계의 화폐처럼 여겨졌고, 이 세계 화폐의 흐름을 조정하는 국제 경제 기구인 국제통화기금IMF이 1947년 설립되었다 .

그런데 이 브레턴우즈 체제는 1971년 막을 내렸다. 세계 경제가 빠르게 성장하는데 달러가 금에 매여 있다 보니 충분한 달러를 공급하지 못하는 '달러 위기'가 발생한 것이다. 미국 정부마저 베트남전쟁에 엄청난 자금을 쏟아붓느라 달러가 부족한 상태였다. 결국 금과 달러를 교환하는 '금 태환제'가 폐지되었다. 미국 달러 역시 금이 없어도 마음껏 찍어낼 수 있게 되었다. 즉 달러는 미국의 화폐일 뿐 더 이상 공식적인 세계화폐로 여겨지지 않았다.

그런데도 여전히 세계 여러 나라의 화폐는 달러를 기준으로 계산한다. 각종 국제 거래, 국제 경제 통계 등도 모두 달러를 기준으로 이루어진다. 그 이유는 미국의 경제와 국력이 압도적이기 때문이다. 2000년대 들어 중국 경제의 비중이 커지긴 했지만, 중국 위안화는 국제 거래에 필요한 신뢰를 주지 못한다. 공산당이 언제든 경제에 개입할 수 있다는 위험 때문이다. 유로화도 위험하긴 마찬가지다. 영국의 유럽연합 이탈 같은 정치적 변수 때문에 오히려 일본 엔화가 달러 다음가는 국제 화폐의 위치를 차지하고 있다. 덕분에 미국은 기축통화라는 달러화의 지위를 유지하면서 금에 얽매이지 않고 마음껏 달러화를 발행할 수 있는 특권을 누리고 있다.

세계를 뒤흔드는
문화적 영향력

미국은 경제력, 군사력만 강한 것이 아니다. 문화적 영향력 즉 '소프트파워'에서도 세계 최강이다. 소프트파워의 종류로는 영화·음악·미술·문학 등 문화 예술과 과학·철학·인문학 등 각종 학문적 기반, 정보통신 사회에서 더욱 중요해진 디지털 콘텐츠, 어떤 일의 옳고 그름에 대한 판단 기준이 되는 가치관 등을 꼽을 수 있다. 미국은 이 모든 면에서 압도적으로 강하다. 경제력으로는 미국을 60퍼센트 이상 따라온 중국이 소프트파워에서는 아예 넘보지도 못할 정도다.

명실상부 예술의 나라

1980년대만 해도 유럽이나 우리나라 지식인들은 미국을 '졸부' 취급했다. 풍부한 자원과 넓은 땅 덕분에 경제만 성장했지, 문화 예술 면에서는 천박한 나라라고 여겼다. 그 당시 우리나라 지식인들에게 미국 문화의 상징은 청바지, 코카콜라, 로큰롤 등이었다. 반면 유럽 문화를 이야기하려면 클래식, 문학, 철학에 대한 지식이 필요했다.

미국이 천박한 나라라는 건 어리석은 생각이었다. 오늘날 미국의 문화 예술은 고전예술, 대중예술, 순전히 상업적인 오락물에 이르기까지 매우 폭넓게 뻗어 있으며, 그 모두가 높은 수준을 보여 준다. 출판 시장만 해도 미국은 세계 시장의 약 29퍼센트(2015~2016)를 차지한다. 오늘날 미

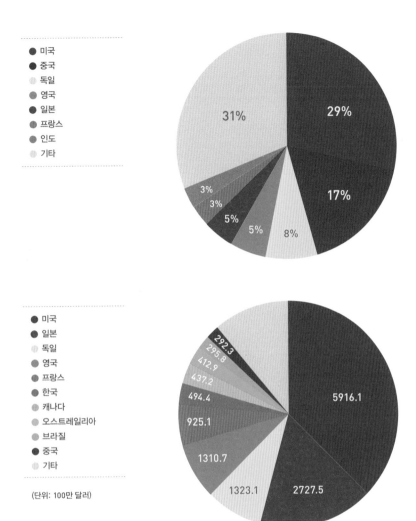

- ● 미국
- ● 중국
- ◔ 독일
- ● 영국
- ● 일본
- ● 프랑스
- ● 인도
- ◔ 기타

29%
17%
8%
5%
5%
3%
3%
31%

- ● 미국
- ● 일본
- ◔ 독일
- ● 영국
- ● 프랑스
- ● 한국
- ◔ 캐나다
- ● 오스트레일리아
- ● 브라질
- ● 중국
- ◔ 기타

(단위: 100만 달러)

5916.1
2727.5
1323.1
1310.7
925.1
494.4
437.2
412.9
295.8
292.3

위: 2015~2016년 세계 출판 시장 점유율(자료: *BookMap*)
아래: 2017년 세계 음악 시장 수익(자료: 국제음반산업협회)

국의 GDP가 세계 GDP의 21퍼센트 정도라는 사실을 떠올려 보면 소득에 비해 도서 문화가 발달했다는 것을 알 수 있다.

미국은 세계 음악 시장에서도 압도적인 규모를 자랑한다. 세계 경제 규모의 약 16퍼센트를 차지하는 중국이 음악 시장에서 차지하는 비율에 비하면 미국의 소프트파워는 더 두드러진다. 심지어 대중예술뿐 아니라 고전예술에서도 유럽이 우위를 주장하기가 어려워졌다. 오늘날 유럽의 유명한 클래식 콩쿠르의 우승자들이 결국 주 활동 무대로 선택하는 곳은 미국이다.

문학에서는 영국인이 미국 문학을 얕잡아보는 경향이 있었다. 미국의 문학이란 영문학을 말한다. 영국의 문학도 영문학이다. 오랜 전통을 자랑하는 영국인들은 역사가 짧은 미국 문학이 영국을 따라올 수 없을 거라고 여겼다. 하지만 미국 문학 역시 빠르게 발전했다. 2000년대 들어서는 영문학의 종주국인 영국과 대등한 위치에 서게 되었다. 2019년까지 미국 노벨 문학상 수상자 수는 영국과 같은 12명이다.

하지만 그 무엇보다도 미국이 가장 강력한 위상을 지닌 예술 분야는 바로 영화다. 영화계에서 세계 최고의 권위를 누리는 아카데미상은 국제 영화상이 아니라 미국 영화협회가 주관하는 국내 시상이다. 이 상이 베니스, 베를린, 칸에서 열리는 공식적인 국제 영화제보다 더 국제적인 위상을 자랑한다. 봉준호 감독의 〈기생충〉 역시 칸 국제 영화제 황금종려상을 받았을 때보다 아카데미 작품상을 받았을 때 훨씬 더 큰 뉴스거리가 되었다. 수많은 영화사들이 모여 있는 로스앤젤레스의 거리 '할리우드'는 이미 오래전부터 영화계를 상징하는 말이 되었다.

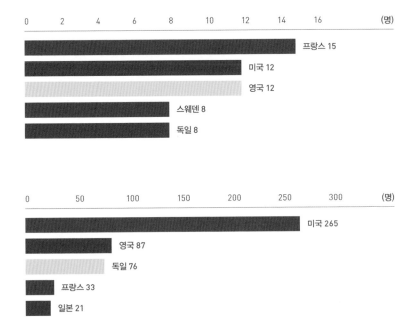

위: 1901~2019년 노벨 문학상 수상자 수(자료: 스태티스타)
아래: 1901~2019년 과학 분야 노벨상 수상자 수(자료: 스태티스타)

학문 연구에 앞장서다

20세기까지만 해도 미국은 상업성에만 몰두하는 듯 보였다. 그래서 전 세계적으로 고급 문화는 유럽으로 가야 접할 수 있다는 인식이 강했다. 하지만 이제 그것도 옛말이다. 미국은 예술뿐 아니라 학문에서도 그 양과 수준이 이미 세계를 압도하고 있다.

특히 과학 분야에서는 2019년까지 노벨상 수상자의 43퍼센트가 미국인이다. 경제력에 비해 과학이 훨씬 높은 위상을 차지하고 있다. 더구나 2000년대 이후 과학 분야 노벨상 수상자는 미국 국적이 아닌 학자들조차 미국의 연구소에서 일하거나 미국인과 공동연구한 경우가 많다. 그 밖에 경제학, 경영학, 철학, 윤리학, 사회학, 심리학 등에서도 미국은 다른 모든 나라의 학문을 모아 놓은 것에 견줄 만한 수준이다.

미국적 가치

미국은 100년이 넘도록 세계에서 지도적인 위치를 차지하고 있다. 그것은 막강한 군사력과 경제력, 각종 문화 산업 때문만이 아니다. 미국은 오랫동안 세계가 지향해야 할 가치를 실천하며 선도하는 역할을 담당해 왔다. 그 가치란 바로 민주주의다. 건국 당시에 미국은 유럽보다 훨씬 약하고 가난했지만, 그때도 자신들이 실천하는 가치만큼은 유럽보다 더 진보적이며 도덕적이라고 자부했다.

미국은 제국주의 전쟁이었던 1차 세계대전에 참전해 낡은 제국들인 러시아, 오스트리아, 독일 제국을 제거했다. 그리고 2차 세계대전에 참전해 유럽을 나치, 전체주의의 지배에서 구해 냈으며, 동서 냉전에서도 승리해 공산주의를 역사의 저편으로 보내 버렸다.

물론 미국이 언제나 자신들이 내세우는 가치에 걸맞게 행동한 것은 아니었다. 때로는 그들의 가치와 달리 잔혹하고 침략적인 행동을 하기도 했다. 하지만 유럽이나 다른 많은 나라에 비해 대체로 더 민주적이고 진취적인 세계관을 보여 주었고, 그런 세계관을 널리 전파하는 역할을 했다. 미국은 민주주의를 바탕으로 국가의 간섭을 최소화하고, 개인의 자율과 책임을 중시하며, 번잡한 관행이나 이념보다 실용성을 중시한다. 그러한 미국적 가치는 세계적으로 여전히 중요한 위치를 차지하고 있다. 물론 이것이 절대적인 가치는 아니다. 여기에 반대하는 사람도 많고 대항적 가치가 많다는 것도 사실이다.

화려한 미국의
어두운 사각지대

미국은 경제적, 문화적으로 압도적인 위상을 자랑하지만, 그 뒷면에는 여러 가지 심각한 문제점을 안고 있다. 그중 일부는 100년이 넘도록 개선되지 않은 고질적인 문제이며, 여기에 더해 갈수록 새로운 문제까지 얽혀들고 있다.

불평등

미국은 민주주의의 기본 가치인 평등의 정신을 바탕으로 세운 나라다. 그런데 역설적이게도 오늘날 미국 사회의 가장 큰 문제 중 하나가 바로 '불평등'이다. 특히 다양한 인종과 문화 집단에서 비롯된 불평등이 세계인의 이목을 끌 만큼 논란이 되고 있다.

미국은 백인 중산층이 사회의 주류를 이루다 보니 단순한 인종차별에 더해 경제적 계층 간의 갈등까지 중첩되어 더 큰 사회 문제로 불거지고 있다. 그나마 아시아계와 라틴계는 괜찮은 편이다. 아시아계는 특유의 높은 학업 성취욕을 바탕으로 미국 중산층 사회에 꽤 많이 진출했다. '라티노'라 부르는 라틴계 사람들도 독자적인 문화와 결속력으로 그들 나름의 위치를 탄탄히 다져 놓았다. 스페인어(라틴계의 대부분이 스페인어권 출신이다)는 이미 오래전에 미국 학교의 중요한 교과목 중 하나로 자리 잡았다.

반면에 아프리카계는 경제적으로 최하층에 머물러 있는 사람들이 많다. 교육 수준도 낮고, 가정 환경도 매우 불안한 편이다. 공식적으로는 그들을 '아프리카계'라고 하지만, 그들의 사회 문제, 불평등 문제를 거론할 때는 블랙Black 즉 '흑인'이라고 언급하는 게 일반적이다.

성차별을 비롯한 여러 불평등 문제가 인종차별과 만나 이중 삼중의 문제로 발전하기도 한다. 가령 성차별 문제 앞에서 백인 중산층 여성과 흑인 노동 계층 여성의 입장이 너무 달라 해결점을 찾기가 어려운 경우도 많다. 인종차별은 지역에 따른 편차도 심한 편이다. 특히 북동부 지역에 비해 남부 지역의 흑인 차별이 훨씬 노골적이다.

더 큰 문제는 이런 불평등이 법과 제도에 따른 것이 아니라는 사실이다. 미국은 원래 불평등을 심각한 문제로 여기는 나라다. 소수 집단 차별을 금지하는 각종 제도와 법이 이미 마련되어 있다. 하지만 실제 생활에서는 그런 법과 제도가 잘 지켜지지 않는다.

정체성의 변화

미국은 이민자들의 나라다. 이민자들의 특성에 따라 나라의 성격도 달라지게 마련이다. 물론 미국은 민족이 아니라 헌법의 정신을 바탕으로 정체성을 형성하고 있다. 하지만 그것은 20세기까지 미국의 주류를 이루었던 백인들의 생각일 뿐인지 모른다. 미국은 여전히 전 세계 다양한 민족의 이민을 받아들이고 있다. 이민자들의 공동체가 점점 더 커지고 있다. 과거의 이주민들은 출신 나라와 민족이 다르더라도 유럽이라는 공통의 뿌리를 통해 하나의 정체성을 형성할 수 있었지만, 오늘날의 이주민은 다르다.

특히 중남미 출신 이주민이 크게 늘어나고 있다. 2018년 기준 라티노는 공식적으로 미국 인구의 약 18퍼센트를 차지하지만, 통계에 집계되지 않은 인구까지 포함하면 30퍼센트가 넘을 것으로 추정된다. 여기에 흑인 인구까지 보태면 한때 70퍼센트가 넘었던 백인 인구는 50퍼센트 수준으로 주저앉는다. 더구나 라티노들은 가족 간 유대가 끈끈하고 종교의 영향으로 출산율도 높은 편이다. 따라서 한 세대가 지나면 이들이 백인 인구를 추월할 것이라는 예측도 있다. 실제로 제일 큰 주인 캘리포니아에서는 라티노 인구가 백인 인구를 추월했다(미국 통계국, 2014).

이제 미국인이라는 정체성이 중요한 변환기를 맞이하고 있다. 미국은 유럽 백인 이주민들이 세운 나라지만, 갈수록 유색인의 영역이 거대해지고 있다. 하지만 기존의 부와 권력을 차지하고 있던 백인들은 유색인을 미국인의 상으로 받아들이기를 여전히 주저하고 있다. 그러한 미국인의 정체성은 앞으로 언제까지 유지할 수 있을까?

신자유주의와 미국 예외주의

1980년대에는 미국을 제국이라 여기는 사람들이 많았다. 그러나 미국인들의 전통적인 태도는 해외에 적극적으로 진출하고 침략하는 제국주의와 거리가 멀었다. 오히려 나라 안에서 모든 것을 해결하려는 국수주의에 가까웠다. 이를 미국인들은 '미국 예외주의'라고 부른다. 미국은 다른 어떤 나라와도 다르다는 것이다. 이는 미국에 처음 이주한 청교도, 퀘이커교도, 계몽주의자 들의 생각에서 비롯되었다. 미국 외의 다른 나라들을 청교도와 퀘이커교도 들은 '타락하고 죄 많은' 지역으로 여겼고, 계몽주의자들은 '압제에 시달리고 미신이 지배하는' 지역으로 여겼다. 이들은 미국을 타락하고 무지몽매한 세계에서 독보적이고 예외적인 구역으로 만들고자 했다.

그래서 지금까지도 미국인들은 국제 정세에 별 관심이 없다. 그 대신 국내 정치, 특히 자신이 속한 지역 정치에 대해서는 늘 귀 기울이며 적극적으로 참여한다. 소득 수준과 학력이 낮은 사람들도 지역 정치에 대해서만큼은 문외한이 아니다. 외국인들 눈에는 깜짝 놀랄 정도의 수준이다.

그에 반해 소득 수준과 학력이 높은 사람들조차 깜짝 놀랄 정도로 세계 정세에 대한 지식과 관심이 낮다.

이런 예외주의가 1990년대 이후 뒤집혔다. '신자유주의 세계화'의 흐름에 편승한 것이다. 세계화에 따라 국적이 의미 없어진 거대 기업들이 비용이 크게 절감되는 나라로 생산 설비를 옮기기 시작했다. 기획개발부 같은 본사만 미국에 두고 저렴한 임금을 찾아 중국, 동남아시아, 특히 멕시코로 등지로 공장을 옮긴 것이다. 미국인들은 이제 더 이상 국제 정세에서 한발 물러날 수 없게 되었다. 그동안 예외주의에 익숙해 있던 많은 미국인들은 어리둥절할 수밖에 없다. '도대체 왜 어디 있는지도 모르고 들어 본 적도 없는 나라 때문에 우리 일자리가 사라지고 경제가 어려워지지?' 이 궁금증과 어리둥절함은 결국 분노로 이어져 많은 사람들이 들고일어났다. 그리고 "미국을 다시 위대하게"라고 외치며 강력한 국수주의를 표방한 도널드 트럼프를 대통령으로 만들었다(2016. 12.).

자유와 다양성

2020년 5월 25일 미네소타주 미니애폴리스시에서 한 흑인 청년이 백인 경찰의 지나친 제압 때문에 목숨을 잃었다. 이 '조지 플로이드 사망 사건'을 계기로 인종차별 항의 시위가 미국 전역으로 순식간에 확대되었다. 경찰은 흑인들의 격앙된 감정을 우려해 적극적인 대응을 자제하거나 심지어 시위에 동참하기도 했다. 이 과정에서 치안 공백이 생겼다. 이 공백을 파고든 것은 정당한 시위대가 아니라 범죄자들이었다. 곳곳에서 시

위: 조지 플로이드 사망 사건을 계기로 인종차별 항의 시위에 나선 사람들
아래: 인종차별 시위에 동참해 무릎을 꿇은 경찰들

위와는 무관한 약탈이 이루어졌다. 이런 어지러운 상황을 지켜보며 많은 한국인들은 어리둥절해했다. 선진국 중의 선진국인 나라에서 어떻게 저런 일이 일어날 수 있는지 믿을 수 없었던 것이다.

더 이해하기 어려운 장면은 트럼프 대통령이 날마다 "폭도를 진압하라. 주방위군을 동원하라"고 외쳐 대는데도 발벗고 나서는 군대가 없었다는 것이다. 미국 대통령의 권력은 우리가 생각하는 대통령의 권력과 너무나 달랐다. 결국 트럼프는 대통령이 동원할 수 있는 유일한 주방위군인 워싱턴 D.C. 방위군만 동원해 백악관과 자신이 다니는 교회 주변 시위대를 몰아냈다. 더 이상 할 수 있는 게 없었다. 그 밖의 지역은 주지사나 시장 소관이었다. 주에 따라 방위군을 동원해 강경하게 진압한 곳도 있었고, 미온적으로 대처한 곳도 있었고, 심지어 시장과 경찰이 시위대에 동참해 평화적으로 마무리한 곳도 있었다. 그나마 워싱턴 D.C.의 주방위군도 오래지 않아 철수해 버렸다. 대통령이 연방군을 투입하라고 호통치자 국방부 장관이 반기를 들어 철수 명령을 내린 것이다.

이 사건은 미국의 장점과 약점을 동시에 보여 준다. 미국은 다양성과 자유라는 가치를 중요하게 여기는 나라다. 대통령이라고 해도 어떤 일을 일률적으로 밀어붙이기는 어렵다. 헌법의 정신이 그렇기 때문에 대통령이 바뀌더라도 미국이라는 나라의 모습은 크게 바뀌지 않는다. 독불장군 같은 트럼프 대통령도 국제관계는 어수선하게 만들었지만 나라 안의 사회 모습까지 바꿔 놓지는 못했다. 반면에 다양성과 자유는 약탈과 폭동을 일으킬 수 있다. 심지어 시위대가 백악관을 포위하고 대통령 경호국 차량을 파괴해도 장갑차와 기관총으로 진압하지 못하고 오히려 대통령이 벙커로 피신할 정도다.

문제는 이러한 자유주의 전통이 세워진 19세기와 오늘날의 환경 조건이 다르다는 것이다. 오늘날에는 개인이나 기업의 자율에 맡겨서는 도무지 해결할 수 없는 문제가 많다. 가령 코로나19 사태처럼 전체를 위해 개인의 자유를 제한해야 하는 상황, 기후변화처럼 지구를 위해 개별 기업의 이익을 제한해야 하는 상황이 그렇다.

19세기적 가치에 충실한 미국의 극단적 보수주의자들은 공공이 개인이나 기업을 규제하는 것에 여전히 강하게 반발한다. 이들의 사고방식은 대체로 이렇다. '내 행동의 결과는 내가 책임질 테니 간섭하지 말라.' '모든 개인은 자신의 이익과 행복을 위해 행동할 자유가 있다.' '국가나 공권력이 개인의 자유를 침해하는 것이 가장 나쁘다.'

그렇다 보니 코로나19 바이러스가 확산되는 상황에서 사회적 거리두기나 마스크 착용이 정치적인 진보와 보수를 가르는 잣대로 여겨지기까지 했다. 보수적인 지역에서는 감염병 예방을 위한 처신은 개인 소관이지, 감염병을 이유로 정부가 개인과 기업의 활동을 제한해선 안 된다는 입장을 취했다. 신체의 자유 문제에 해당하는 마스크 착용에 대해 왜 정부가 간섭하느냐는 식으로 나오기도 했다. 그 때문인지 정치적으로 민주당 지지자가 많은 주보다 공화당 지지자가 많은 주에서 2020년 6월 이후 코로나19 확진자 수가 훨씬 빨리 늘어나는 현상을 보였다.

자유지상주의는 보편적 사회복지 제도를 도입하는 데 걸림돌이 되기도 한다. 자유를 앞세우는 미국인들은 개인에게 경제 활동과 재산 관리에 대한 자유가 있으니 그에 따른 결과도 개인이 책임져야 한다고 믿는다. 자신의 소득 일부를 강제로 공제하는 제도에 대해서도 강한 거부감을 느낀다. 어려운 이웃을 돕는 일도 개인 소관이며, 만약의 사태를 대비하는 것도 자신이 알아서 할 일이라고 생각한다. 정부가 내 재산, 내 삶에 간섭하는 게 싫다는 것이다. 우리나라, 일본, 타이완 등에서 당연하게 받아들이는 전 국민 의료보험 제도도 미국에는 도입될 가능성이 거의 없다. 어떤 건강보험에 가입할지 자신이 선택하겠다고 나서는 사람들이 많을 것이기 때문이다.

문제는 이런 선택의 여지가 없는 사람들이다. 의료보험에 가입하기 힘든 저소득층, 저학력층 등은 보험료 납부 능력이 없기 때문에 보험회사의 관심 밖에 있다. 병원비를 내 줄 보험회사가 없다 보니 병원에서도 냉대받기 일쑤다. 그렇다 보니 세계 최고의 경제 대국에서 개발도상국에서도 보기 힘든 의료 사각지대의 난민들이 수백만 명씩 발생하는 것이다.

자유를 핑계로 인류 보편적인 가치를 거부하는 경우도 나타난다. 소수자에 대한 차별이 대표적이다. 몇몇 보수적인 지역에서는 특정 인종을 편애하는 건 우리 자유니 정부가 개입할 일이 아니라고 주장하며, 성소수자를 여전히 노골적으로 차별하기도 한다.

하지만 '차별할 수 있는 자유'라는 말은 성립되지 않는다. 이 말은 오히려 자유에 대한 모독에 가깝다. 하지만 워낙 자유주의가 강한 나라다 보니 이런 어이없는 자유까지 허용하는 상황이 벌어지고 있다.

미국에서

조심해야 할 것들 2

• 치안

여행자들에게는 아쉬운 점이지만, 미국은 치안이 좋은 나라가 결코 아니다. 총기가 범죄에 공공연히 사용되고 강력 범죄가 빈번하게 일어나 범죄에 따른 사상자가 우리나라보다 훨씬 많은 편이다. 그렇다고 여행하기에 앞서 너무 걱정하지는 말자. 영화에서 나오는 것처럼 백주대낮에 총격전이 벌어지고 노상강도가 출몰하는 것은 아니다. 물론 이 역시 지역마다 차이가 크다. 심지어 같은 도시에서도 범죄가 많은 곳과 적은 곳이 선명하게 구분된다.

로스앤젤레스나 필라델피아는 치안이 나쁜 도시로 악명이 높지만, 도시 전체가 그런 것은 아니다. 그곳도 엄연히 사람들이 살아가는 곳이다. 일부 구역만 그렇다는 것이다. 그리고 이런저런 안내 책자나 인터넷 앱을 통해 범죄 위험도가 높은 지역에 대한 정보를 구할 수 있다. 위험한 곳에 대한 호기심은 금물이다. 근처에 안 가는 게 상책이다.

더구나 신용카드를 잘 쓰지 않는 일본인, 대만인 때문에 동아시아인은 '현금을 많이 갖고 다닌다'는 소문이 범죄자들 사이에 퍼졌다고 한다. 흔히 미국 강도들은 흑인이나 라틴계일 거라고 생각하지만 백인도 매우 많다. 어디를 가든, 어떤 사람을 맞닥뜨리든 방심하지 말자.

• 규정과 절차

미국은 공무원이나 공공 부문 종사자들의 권위가 매우 높은 편이다. 그들은 대체로 고압적인 태도로 민원인을 대한다. 상냥함이나 친절은 기대할 수 없다. 그들은 민원인을 보호해야 할 시민이 아니라 관리 대상으로 본다. 심지어 항공기 승무원들도 그런 시선으로 승객을 바라본다.

더군다나 미국은 경찰이 아니더라도 사법권을 행사할 수 있는 공무원이 많다. 레인저Ranger라고 부르는 국립공원 관리인도 사법권이 있다. 우리나라처럼 공무 집행에 불응하거나 공무원에게 횡포를 부리는 일은 상상도 할 수 없다. 그랬다가는 현장에서 체포당하는 봉변을 당할 수 있다.

미국 공무원들이 시민을 우습게 본다거나 권위주의적이라서 그러는 것이 아니다. 미국은 의외로 훨씬 합리적이며(좋게 말하면) 관료적이다(나쁘게 말하면). 공공 분야에서든, 민간 분야에서든 대부분의 공간에 규정과 절차가 정해져 있다. 담당자들은 거의 기계적으로 규정과 절차에 따라 이용자들을 대한다. 물론 규정과 절차는 문서화해서 게시하거나 공개해 놓는다. 한국인들은 그런 게 보여도 눈여겨보지 않는 성향이 있으니 특히 더 주의해야 한다. "못 봤어요, 몰랐어요"라는 변명은 거의 통하지 않는다.

넓고도 깊은,

미국의
역사

미국의 역사는 다른 나라들에 비해 매우 짧은 편이다. 하지만 미국 땅에 사람이 발을 딛고 살기 시작한 때를 역사의 시작이라고 한다면 그 역사는 매우 길어진다. 지금으로부터 무려 2만 년 전에 아시아에서 '베링 육교'을 거쳐 지금의 알래스카주로 건너간 한 무리가 있었다. 빙하기였던 그때는 해수면이 낮아서 아시아와 아메리카 대륙 사이의 베링 해협이 땅으로 연결되어 있었다. 연결되어 있던 그 땅이 베링 육교다.

알래스카에 처음 발을 디딘 그들을 '클로비스인'이라고 부른다. 알래스카 북단에 자리 잡은 그들은 약 1,000년에 걸쳐 남아메리카 최남단까지 자손을 퍼뜨렸다. 알래스카, 캐나다, 미국, 멕시코 순서대로 사람들이 살기 시작한 것이다.

만약 유럽 이주민이 건너온 시기를 미국 역사의 시작으로 본다면 아무리 멀리 거슬러 올라가도 400년 전으로 올라가지 않는다. 긴 역사를 자랑스러워하는 우리나라, 일본, 중국, 베트남 등과 비교하면 미국의 역사는 겨우 왕조 한 시대를 걸어왔을 뿐이다. 물론 역사가 길다고 해서 나라의 힘이 강한 것은 아니다. 이집트나 이라크의 역사는 세계에서 가장 긴 편에 속하지만 나라의 힘은 결코 강하다고 할 수 없다.

미국의 역사는 짧지만 그 내용은 일목요연하게 정리하기가 어려울 만큼 방대하다. 역사가 수천 년인 우리나라보다 범위가 훨씬 넓고 복잡하다. 그래서 미국 학교에서도 '미국사'는 헌법 및 수정헌법과 관련한 굵직한 사건 중심으로 간단히 가르치고, '지역사'를 매우 자세히 가르친다.

13개 주를
세우기까지

미국 건국 이전의 역사는 13개 주가 설립되기까지의 배경과 그 과정으로 이루어진다. 콜럼버스가 아메리카 대륙을 발견해(1492) 유럽에 처음 알렸다고는 하지만, 그는 13개 주 설립의 역사에서 제외된다. 인도를 향해 항로 개척에 나섰던 콜럼버스는 아메리카 대륙에 발을 딛고도 평생 그곳이 인도인 줄만 알았다. 게다가 그가 도착한 곳은 오늘날의 미국과는 좀 떨어진 카리브해 일대였다. 콜럼버스는 스페인이 중남미를 차지하도록 길을 터 준 선구자라 할 수 있을지는 몰라도 미국 건국의 선구자는 아니다.

오늘날의 미국 땅으로 처음 이주를 시도한 유럽인은 영국인들이다. 영국의 탐험가 험프리 길버트는 신대륙 개척을 위한 항해에 나섰다가 오늘날의 캐나다 땅인 뉴펀들랜드를 둘러보고 돌아오던 중 실종되고 말았다(1583).

길버트의 뒤를 이은 월터 롤리는 플로리다 북쪽의 해안 지역을 탐사한 뒤 이 지역을 버지니아(오늘날의 버지니아주는 그 일부분이다)라고 불렀다.

위: 영국의 아메리카 신대륙 개척에 길을 열어 준 월터 롤리(니컬러스 힐리어드 그림)
아래: 플리머스항에 정박 중인 메이플라워호

당시 국왕인 엘리자베스 1세의 별칭 '처녀 여왕The Virgin Queen'에서 따온 이름이다. 롤리는 지금의 노스캐롤라이나 로어노크섬을 중심으로 버지니아를 개척해 나가려고 많은 영국인을 로어노크섬으로 이주시켰다. 하지만 열악한 환경과 자금 부족으로 그의 식민지 개척은 실패로 돌아가고 말았다.

그 후 1607년 제임스 1세의 지원을 받은 '런던 회사'가 지금의 버지니아주 제임스타운(국왕의 이름을 딴 지명)에 식민지를 건설했다. 이것이 북미 대륙에 세운 영국 최초의 식민지로, 이후 많은 영국인들이 이곳을 중심으로 정착해 나갔다.

종교의 자유를 찾아

16세기 후반 영국에는 국교인 '영국 성공회'와 개신교 교파인 청교도 간에 심한 갈등이 있었다. 더욱이 1603년 즉위한 제임스 1세는 국왕의 절대적인 권력을 내세우며 청교도와 가톨릭교를 억압해 나갔다.

이에 반발한 청교도인들은 그들의 신앙을 지키기 위해 영국을 떠나기로 했다. 1620년 한 무리의 청교도 집단은 메이플라워호에 몸을 싣고 온갖 고생 끝에 지금의 매사추세츠주 플리머스에 도착했다. 그곳을 정착지 삼아 그들만의 공동체를 형성했고, '메이플라워 서약'이라는 자치 규약을 기반으로 식민지를 개척해 나갔다.

이들이 정착했다는 소식이 전해지자 1629년에서 1642년 사이에 영국에서 수만 명의 청교도인들이 몰려왔다. 주변 지역까지 인구가 포화 상태에 이르자 일부가 떨어져 나가 새로운 식민지를 세우게 됐는데, 그곳이 로드아일랜드다.

일확천금을 위해

미국은 남부의 버지니아와 북부의 매사추세츠 지역을 두 원천으로 하여 발전해 나갔다. 발전의 선두에 선 이들은 일확천금의 기회를 찾아 이주해 온 영국 상인들이었다. 당시 영국에는 스페인 상인들이 신대륙 사업으로 떼돈을 벌었다는 소문이 무성했다. 귀가 솔깃해진 영국 상인들은 부푼 꿈을 안고 대서양을 건넜고, 국왕 제임스 1세도 식민지 개척 사업에 큰 관심을 보였다.

영국 상인들은 식민지 개척 사업을 위해 제임스 1세의 특허를 얻어 '영국 회사'와 '플리머스 회사'라는 칙허 회사를 설립했다. 왕이 각 회사를 통해 허가해 준 범위 안에서만 개척 사업을 할 수 있었다.

이에 따라 영국 회사는 제임스타운 식민지를 시작으로 버지니아의 세력을 확장해 나갔다. 플리머스 회사 쪽에서는 우여곡절을 겪던 중 메이플라워호의 청교도 집단이 플리머스 식민지를 건설하게 되었는데, 훗날 이 식민지는 매사추세츠 식민지에 흡수되었다.

매사추세츠보다 버지니아가 훨씬 빠르게 성장한 것은 당연한 수순이었다. 더욱이 버지니아에는 담배와 목화라는 특산물이 있었다. 버지니아 세력은 계속해서 남쪽으로 진출하며 새로운 식민지를 연거푸 세웠다. 거대한 목화 농장도 곳곳에 만들어 나갔고, 노예를 사들여 농장을 운영했다. 물론 이 부분은 미국 역사의 부끄러운 한 장을 차지하게 되었다.

이상 실현을 위해

　미국 건국 과정에서 큰 역할을 한 이들은 주로 계몽주의자들이었다. 당시 18세기 유럽에는 많은 지식인들이 낡은 제도와 사고방식에 맞서는 계몽주의 사상에 몰두해 있었다. 대표적인 계몽주의 철학자에는 존 로크, 볼테르, 루소 등이 있다. 이들 철학자의 영향을 받은 지식인들은 유럽을 타락한 곳, 희망 없는 곳이라 여겼다. 당시 유럽은 군주가 절대적 권한을 쥐고 나라를 다스리는 절대왕정의 시대였다.

　평등과 자유에 대한 갈망이 컸던 그들은 아메리카 대륙으로 떠나기로 했다. 왕도 귀족도 없이 모두 평민으로 삶을 시작하는 아메리카에서 꿈을 실현하고 싶었다. 그들의 꿈이란 이상적인 정치 공동체를 건설하는 것이었다. 나중에 '건국의 아버지'로 활약한 사람들 상당수가 이런 이상 실현을 위해 영국에서 미국으로 건너왔다. 물론 이상 실현만이 목적은 아니었을 것이다. 큰돈을 벌려는 야망을 품었던 이들도 있었다. 대표적으로 벤저민 프랭클린은 상업 활동을 활발히 한 인물로도 유명하다.

　그러나 건국의 아버지들 대부분은 미국에 가서 얻게 될 이익보다 유럽에서 포기하고 온 것이 훨씬 많았다. 유럽에 가만히 있어도 적지 않은 찬미자들에게 존경을 받을 사람들이었다. 이런 위상 덕분에 그들은 영국과 독립전쟁을 할 때 유럽의 다른 나라, 특히 프랑스의 지지를 받아 내는 데 큰 역할을 했다.

비영국계 유럽 이주민들

신대륙에 식민지를 세운 유럽인들이 영국인만 있었던 것은 아니다. 영국 외에도 네덜란드, 프랑스, 스페인에서도 많은 사람들이 건너왔다.

네덜란드는 지금의 코네티컷, 뉴저지, 뉴욕 일대에 '뉴네덜란드'라는 식민지를 세웠다. 엄밀히 말하면 네덜란드 정부가 아니라 '서인도 회사'라는 기업이 주도해 세운 것이지만, 네덜란드라는 나라 자체가 상인 조합이나 다름없었으니 정부가 세운 것이나 마찬가지다.

네덜란드의 서인도 회사는 다른 나라의 상선을 터는 해적질까지 사업의 하나로 여길 정도로 무자비한 상인 집단이었다. 이윤이 남는다면 무슨 짓이든 했다. 포르투갈이 개발한 '삼각 무역' 사업을 빼앗아 크게 확대하기도 했다. 삼각 무역이란 아프리카에서 노예를 잡아 와 북아메리카에 공급하고, 그 돈으로 북아메리카 목화와 설탕을 구입해 유럽에 판매하는 것이었다.

한편 프랑스는 오늘날의 캐나다에서 미시시피강 하류에 이르는 방대한 영토에 '누벨 프랑스'라는 식민지를 세웠다. 그 밖에도 당시 유럽에서 제일 가난한 나라였던 독일과 스웨덴에서 많은 사람들이 새로운 기회를 찾아 아메리카로 건너왔다.

그 결과 1640년경 북아메리카에는 무려 18개 언어가 사용되었다. 여러 민족과 문화가 만나다 보니 서로 경쟁하고 싸움을 하기도 했다. 그러면서도 이들 모두가 확실하게 공유했던 한 가지는 '유럽 백인'으로서의 정체성이었다. 그들은 한마음으로 아메리카 원주민과 흑인을 차별하며 인간 이하로 취급했다. 백인이 조금이라도 피해를 입으면 출신 국가와 상관없이 모든 백인이 한데 뭉쳤다. 그리고 자신들에게 피해를 입힌 원주민을 잔혹하게 학살했다. 1643년에는 네덜란드 농부 한 명이 원주민에게 살해되자 영국계와 네덜란드계가 뭉쳐서 그 부족을 학살했고, 그들 80명의 머리를 잘라 맨해튼에 전시했다.

영국에 대항해
독립전쟁을 치르기까지

북미 대륙에 세운 13개 주는 왜 힘을 모아 독립을 선언했을까? 왜 독립을 위해 전쟁까지 치러야만 했을까? 독립운동가 패트릭 헨리의 명연설("자유 아니면 죽음을 달라!")처럼 그들은 오직 자유를 바랐던 것일까? 분리 독립의 이론에 대해 쓴 토머스 페인의《상식》과 같은 책들의 영향이었을까? 사실 헨리의 연설이나 페인의 책은 독립전쟁에 영향을 주었다기보다는 명목상의 구실로 끌어온 것일 뿐이다. 독립전쟁을 정당화할 근거로 그런 정치 구호나 사상이 필요했던 것이다.

1700년대 들어서면서 북미 대륙의 식민지들은 서서히 양키와 청교도라는 두 축을 중심으로 정체성을 형성했다. 사실 이 둘은 그리 다르지 않다. 청교도는 근검하고 성실한 직업 윤리를 갖고 있었고 재산을 늘리는 일에도 긍정적이었다. 양키들의 활발한 상업 수완과 청교도의 직업 윤리는 아직까지도 미국적 가치의 핵심으로 남아 있다.

어느 모로 보나 이러한 가치관은 정치와는 거리가 멀다. 1664년 뉴 네덜란드가 영국으로 넘어가면서 13개 식민지 주민들은 모두 영국 국민이 되었지만, 영국 본토의 정치에는 별 관심이 없었다. 자신들의 사업만 번창하면 그만이었다. 물론 영국과 프랑스가 전쟁할 때 식민지에서도 영국과 프랑스로 나뉘어 싸우긴 했지만 애국심과는 관계없는 싸움이었다. 영국계, 프랑스계 주민들은 이 기회를 틈타 자신들의 재산과 농토를 넓히려던 것이었다.

그런데 유럽의 전쟁이 길어지자 사정이 달라졌다. 1700년대는 거의 60년간 크고 작은 전쟁이 이어졌다. 스페인 왕위 계승 전쟁, 오스트리아 왕위 계승 전쟁, 7년 전쟁 등이 이어졌고, 영국은 이 모든 전쟁에 가담했다. 긴 전쟁으로 영국 정부는 점점 재정난에 빠졌고, 결국 세금을 많이 걷어서 이 문제를 해결하려 했다.

이때까지만 해도 북미 식민지와 영국 본토의 관계는 상호 불간섭 주의였다. 2014년까지 유지되었던 중국과 홍콩의 관계와 비슷했다(홍콩은 영국의 식민지였고 1997년에 중국에 반환된 후에도 '특별행정구'로 자치권을 누렸다. 그러다 2014년 '우산혁명' 이후 갈등과 대립을 이어오고 있다). 식민지 주민들은 형식상 영국 왕의 신민이었지만, 영국 본국에 대한 어떠한 책임도 의무도 없었고, 아울러 시민권도 없었다. 그런데 재정난에 빠진 영국 정부가 법적으로 엄연한 영국인이라며 식민지 주민과 기업들에 막대한 세금을 부과하기 시작했다.

당연히 식민지 주민들은 반발했다. 이때 나온 유명한 말이 "대표 없이 과세 없다"라는 지극히 상식적인 말이다. 이들은 정 세금을 매기려면 영국 의회에 식민지 대표가 참가하도록 의석을 요구했다. 이 요구는 거절당했고, 오히려 세금만 더 늘어났다. 아메리카 대륙에서 영국에 판매하는 모든 상품에 관세가 붙었다. 심지어 모든 인쇄물에 대한 세금, 즉 인지세까지 부과하자 식민지 주민들이 들고일어났다. 보스턴 총독의 관저까지 파괴하는 등 격렬하게 저항했다.

영국은 한발 물러났다. 직접적인 과세는 하지 않고 그 대신 아메리카에 차를 공급하는 사업을 동인도 회사가 독차지하도록 했다. 동인도 회사는 동양의 특산품 무역을 위해 인도에 세운 회사로 사실상 영국 공기업이나 다름없었다. 당시 영국식 생활을 하던 북미 식민지 주민들에게 차는 생필품이나 다름없었다. 그런 차를 독점해 버리니 사 먹기가 부담스러웠고, 차 수입 판매를 중점적으로 하고 있던 식민지 상인들도 파산하기에 이르렀다.

마침내 1773년 12월 '보스턴 차 사건'이 일어났다. 존 핸콕, 새뮤얼 애덤스가 이끄는 저항 세력이 보스턴항에 정박해 있던 동인도 회사 선박을 공격해 배에 있던 차를 바다에 던져 버렸다. 이 사건의 열기가 다른 식민주로 순식간에 확산되었다. 영국 정부는 이를 폭동으로 여기고 강경하게 대응했다. 이에 반발한 식민주들 대표가 1774년 필라델피아에 모여(1차 대륙 회의) 식민지 권리를 요구하는 10개 조항을 발표했다. 이것이 받아들여지지 않자 1775년 다시 모여(2차 대륙 회의) 조지 워싱턴을 사령관으로 한 대륙군을 발족하고 영국에 맞서 싸울 것을 결의했다. 이후 1776년 7월 4일 독립선언서를 채택함으로써 독립전쟁이 시작되었다.

전쟁은 1783년까지 7년간 이어졌다. 처음에는 정규군인 영국군이

위: 보스턴 차 사건의 한 장면
아래: 1777년 10월 새러토가에서 영국 장군이 대륙군에 항복하는 장면

민간 의용군에 불과한 대륙군보다 우세했다. 그러나 새러토가 전투에서 영국군 5,700명이 항복하며 대륙군이 결정적인 승리를 거두었고, 1778년 프랑스가 대륙군을 지원하면서 전세가 기울었다. 결국 1782년 11월 30일 파리 조약에 서명함으로써 영국은 13개 주의 독립을 승인하고, 13개 주 서쪽에 있던 10개의 새로운 주도 이 신생 국가에 가입하도록 했다.

독립전쟁이 일어난 배경에는 먼저 과도한 세금 부과가 있었다. 아울러 엄연한 영국인인 식민지 주민들을 2등 시민, 심지어 식민지 피지배 민족 취급한 것에 반발한 것이었다. 즉 처음에는 경제적인 이유로, 나중에는 권리의 문제로, 마침내 정치 문제로 확대되어 7년에 걸친 긴 싸움을 하게 된 것이다.

미합중국을
세우기까지

독립전쟁에 승리했다고 해서 바로 미국을 세울 수 있었던 것은 아니다. 독립전쟁으로 얻은 결과는 13개 식민주가 독립을 인정받은 것이다. 즉 메인, 메릴랜드, 로드아일랜드, 뉴욕, 코네티컷, 매사추세츠, 뉴저지, 버지니아, 북캐롤라이나, 남캐롤라이나, 뉴햄프셔 등 13개 나라State를 설립할 수 있게 되었다. 당시 이 나라들은 느슨한 연합을 이루고 있었다. 어느 모로 보나 미국이라는 하나의 국가라고 볼 수 없었다.

전쟁으로 얻은 또 하나의 결과는 혼란과 경제난이었다. 독립의 기쁨도 컸지만 전쟁의 상처도 컸다. 본국이었던 영국과 단절된 13개 주는 큰 경제 불황에 시달렸다. 더구나 프랑스 혁명으로 유럽이 아수라장이 되는 바람에 수출도 어려워졌다. 전쟁이 끝나자 쏟아져 나온 퇴역 군인들은 저마다 퇴직금과 보상을 요구했다. 각 주는 국채를 발행해서 퇴직금과 보상금을 지불했다. 국채를 갚기가 힘들어지자 돈을 마구 찍어 댔다. 경제는 점점 더 엉망으로 돌아갔다. 생계가 막막한 퇴역 군인들이 곳곳에서 폭동을 일으켰고, 파산한 농민들까지 가세했다.

자유주의 지식인에서 어느새 기득권층이 되어 버린 새뮤얼 애덤스는 '폭동법'을 제정했다. 반발하는 주민들을 재판 없이 수감하고 교수형에 처하는 등 강경하게 대처했다. 이런 일이 계속되자 각 주 대표들은 공동의 해결책을 찾기 위해 1787년 필라델피아에 모여 회의를 했다. 회의 참석자는 건국의 아버지들과 각 주의 대표들이 함께한 55명이었다.

그들은 더 이상 느슨한 연합 상태에서 문제를 해결할 수 있는 수준이 아니라는 데 의견을 모으고 공동의 정부를 수립하기로 했다. 이를 위해 조직위원회를 만들고, 헌법 구성을 위한 회의를 이어 나갔다. 그 회의를 '필라델피아 제헌 회의'라고 한다. 각 주마다 이해관계가 부딪치는 문제가 많아 회의는 쉽사리 결론을 내지 못했다.

필라델피아 제헌 회의의 쟁점

● 의석 수(큰 주 대 작은 주)

큰 주의 대표들은 의회가 국민의 대표니만큼 각 주의 인구 수에 비례한 숫자로 의석을 정해야 한다고 주장했다. 작은 주의 대표들은 각 주에서 똑같은 숫자로 대표를 뽑아 의회를 구성해야 한다고 주장했다. 인구 비례로 의석을 정하면 규모가 큰 주에 권력이 집중되어 중앙집권적인 국가가 될 가능성이 크기 때문에 그것을 염려했던 것이다.

● 노예제도(북부 대 남부)

상공업이 발달했던 북부 주들은 노예제도를 눈엣가시처럼 여겼다. '모든 인간은 날 때부터 평등하다'는 독립선언서의 정신에 반하는 제도라고 주장했다. 반면에 버지니아, 조지아 등 목화 농업에 의존하던 남부 주들은 북부 주의 의견에 완강히 저항했다. 그러면서도 하원 의석 할당 기준이 되는 인구에는 노예를 포함시키는 이중성을 보였다.

결국 노예제도를 부정하는 내용은 헌법에서 삭제하고, 주 인구에는 노예의 5분의 3만 포함한다는 절충안이 만들어졌다. 노예 숫자를 무시하기 어려운 것이 1790년 미국 인구 392만 명 중 노예가 무려 69만 명이었다. 이 노예가 모두 남부의 몇몇 주에 집중되어 있었으니 사실상 남부 주들은 노예제도에 의존해 살아가고 있었던 것이다. 노예제도에 대한 남부와 북부의 갈등은 끝내 남북전쟁으로 이어졌다.

위: 미국 초대 대통령 조지 워싱턴 동상
아래: 미국 초대 부통령 존 애덤스

● **임기 제한 대통령제**

주 대표들은 느슨하게 연합해 있던 주들을 강렬하게 단결해 연방 정부를 세우기로 했다. 그런데 문제는 이렇게 만들어진 국가의 통치자가 군주가 되어 권력을 휘두르며 국민의 자유를 빼앗을 수 있다는 것이었다. 이런 문제를 막기 위해 임기가 제한된 대통령제를 만들었다.

● **연방주의 대 자치주의**

알렉산더 해밀턴, 제임스 매디슨 등은 연방 정부가 강력한 권력을 쥐고 전체를 일사불란하게 통제해야 한다고 주장했다. 반면 토머스 제퍼슨은 전통적인 자유주의 입장에서 '작은 정부'를 주장했다. 모든 일은 기본적으로 개인의 자유와 지역의 자치권에 맡겨야 하며, 연방 정부는 치안과 분쟁 해결 정도만 담당해야 한다는 것이었다.

두 주장이 대립하며 연방당과 공화당이라는 양대 정당이 탄생했다. 작은 정부는커녕 연방 수립 자체를 반대하는 이들도 있었다. 패트릭 헨리, 새뮤얼 애덤스, 토머스 페인 등 중요한 지도자들이었다. 이들은 식민지 각 주가 영국의 압제에서 벗어났으면서 스스로 새로운 압제자를 만들려는 이유를 알 수 없다며 분개했다.

이런 다양한 목소리를 반영하고 조정하느라 미국 헌법은 의회 비준을 받기까지 무려 600번이나 표결을 거쳤다. 그리고도 각 주의 비준을 받아 내는 데 또 많은 시간이 걸렸다. 마침내 1789년 3월 4일 미국 헌법을 공포했고, 조지 워싱턴이 초대 대통령, 존 애덤스가 부통령, 토머스 제퍼슨이 국무장관으로 취임하며 미국, 즉 미합중국이 탄생했다.

미국과 유럽 간의 불간섭 방침,
먼로주의

미국이 가는 길은 쉽지 않았다. 무엇보다 1812년 터진 미영 전쟁의 타격이 컸다. 이 전쟁을 먼저 일으킨 쪽은 미국이었다. 당시 영국은 나폴레옹과의 전쟁으로 정신이 없었다. 프랑스 혁명의 열기에 힘입은 나폴레옹이 유럽 전역을 불바다로 만들 태세였다. 미국은 이 틈을 타 여전히 영국 식민지로 남아 있던 오늘날의 캐나다 지역까지 미합중국에 포함시키려고 마음먹었다. 처음에는 제법 성공적이었다. 미국이 토론토를 점령하고 몬트리올을 포위하는 동안 영국은 나폴레옹에 맞서느라 아메리카 쪽에는 신경을 쓰지 못했다.

그런데 나폴레옹이 몰락하자 상황이 달라졌다. 한숨 돌린 영국은 병력을 즉시 아메리카로 돌렸다. 결국 블래든스버그 전투에서 미 육군을 격파하고 워싱턴 D.C.를 점령하기에 이르렀다. 미국의 수도가 외국 군대에 점령당한 것은 이때가 처음이자 마지막이었다. 영국군의 손에 백악관과 국회의사당이 불타 버렸다. 이만저만한 수모가 아니었다. 그나마 미시시피강 하류에 상륙하려던 영국군을 훗날 7대 대통령이 된 앤드루 잭슨이 물리치면서 미국은 대등한 조건에서 영국과 강화를 맺을 수 있었다. 영국은 캐나다를 지키려는 목적을 달성했고 미국의 수도까지 불태우며 위력을 보여 줬으니 더 이상 신경 쓰지 않고 유럽으로 병력을 돌렸다.

이때 미국은 유럽 강대국에 대한 두려움이 매우 컸다. 당시 유럽은 나폴레옹이 몰락하고 모든 시계를 프랑스 혁명 이전으로 돌리려고 했다.

프랑스 혁명 같은 자유주의 운동이 다시는 일어나지 않도록 싹을 자르고 절대왕정을 유지하려는 것이었다. 그래서 유럽 열강들이 오스트리아수도 빈에 모여 구 체제를 곤고히 하기 위한 '빈 체제'를 만들었다. 독립했던 폴란드도 도로 분할해 프로이센, 러시아, 오스트리아의 지배하로 되돌렸다. 이런 상황이었으니 유럽의 군주들이 프랑스 혁명에 영향을 준 미국을 가만둘 리 없었다. 미국을 다시 영국 식민지로 되돌리거나 개인의 자유가 없는 왕국으로 만들어 버릴지도 몰랐다.

이런 불안감에 대한 대책으로 1823년 당시 미국 대통령 제임스 먼로는 '먼로주의'를 발표했다. "미국은 유럽 및 유럽의 식민지에서 일어나는일에 일체 관여하지 않으며, 그 대신 유럽이 아메리카에서 일어나는 일에간섭하는 것을 허용하지도 않는다"는 내용이었다.

이 먼로주의는 중남미에 큰 영향을 주었다. 제임스 먼로는 미국만이아니라 신대륙에 대한 유럽 불간섭을 선언한 것이었다. 즉 스페인, 포르투갈의 지배를 받고 있던 남아메리카도 먼로주의의 내용을 주장할 수 있었다. 결국 브라질, 페루, 볼리비아, 칠레 등의 식민지에서 독립운동이 강하게 일어났다. 북미처럼 남미에도 미합중국을 세우자는 '볼리바르 운동'이확산되었다.

그런데 먼로주의는 또 다른 의미를 담고 있었다. 아메리카에 간섭하지 말라는 말은 곧 '아메리카는 우리 마음대로 할 것이다'라는 선언이었다. 아메리카 대륙에서는 패권을 주장하고, 유럽 제국에 대해서는 자주권을 주장하는 이중성을 보여 준다. 실제로 미국은 중남미에 많은 식민지를 두었던 스페인, 그리고 그 영향력하에 있었던 멕시코와 전쟁을 치러 신대륙에서의 우위를 확인했다. 이 과정에서 텍사스와 캘리포니아가 미국 영토로 편입되었다.

　미국 정부의 일방적인 방침으로 아메리카 원주민들은 설 땅을 잃어 버렸다. 당시 많은 원주민들이 미국 동남부, 오늘날의 조지아주에서 미시 시피강 하구에 걸쳐 살고 있었다. 근대적인 자치제도와 공교육 제도까지 운영하던 사실상 문명 국가나 다름없는 공동체였다. 특히 체로키족은 자 신들의 공동체를 하나의 국가라 자처하며 미국과 국가 대 국가로서 외교 관계를 맺으려 했다. 그런 원주민들을 백인들은 더 많은 목화 농장을 짓 기 위해 강제로 몰아냈다. 원주민들은 저항했으나 미국의 군사력을 당해 내지 못했다. 1930년 이후 약 10년 동안 수만 명의 원주민이 머나먼 땅 으로 이주했다. 체로키족은 연방 정부와의 조약에 따라 오클라호마주로 이주했다. 애팔래치아산맥을 넘고 미시시피강을 건너 끝도 없이 걸어야 했다. 이 무리한 이주 과정에서 수천 명의 체로키족이 질병과 굶주림 등 으로 목숨을 잃었다. 이를 '눈물의 대이동'이라 부른다.

서쪽으로 영토를
넓혀 나가다

18, 19세기는 제국주의의 시대였다. 영국, 프랑스, 네덜란드 등은 자국 본 토의 몇 배에서 수십 배에 이르는 식민지를 지배했다. 그 기간 동안 미국

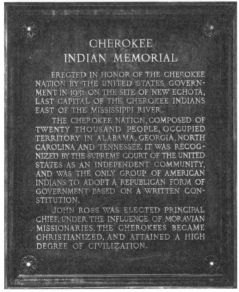

CHEROKEE
INDIAN MEMORIAL

ERECTED IN HONOR OF THE CHEROKEE
NATION BY THE UNITED STATES GOVERN-
MENT IN 1931 ON THE SITE OF NEW ECHOTA,
LAST CAPITAL OF THE CHEROKEE INDIANS
EAST OF THE MISSISSIPPI RIVER.

THE CHEROKEE NATION, COMPOSED OF
TWENTY THOUSAND PEOPLE, OCCUPIED
TERRITORY IN ALABAMA, GEORGIA, NORTH
CAROLINA AND TENNESSEE. IT WAS RECOG-
NIZED BY THE SUPREME COURT OF THE UNITED
STATES AS AN INDEPENDENT COMMUNITY,
AND WAS THE ONLY GROUP OF AMERICAN
INDIANS TO ADOPT A REPUBLICAN FORM OF
GOVERNMENT BASED ON A WRITTEN CON-
STITUTION.

JOHN ROSS WAS ELECTED PRINCIPAL
CHIEF. UNDER THE INFLUENCE OF MORAVIAN
MISSIONARIES, THE CHEROKEES BECAME
CHRISTIANIZED, AND ATTAINED A HIGH
DEGREE OF CIVILIZATION.

위: 체로키족이 살았던 조지아주의 뉴에코타에 있는 체로키족 기념비
아래: 체로키족 기념비 내용

은 먼로주의를 내세워 침략의 물결에 동참하지 않았다. 그렇다면 미국은 제국주의에 관심이 없었을까? 식민지에 살았던 서러움 때문에 다른 나라를 식민지 삼을 마음이 없었던 것일까?

미국도 분명 제국주의의 길을 걸었다. 다만 배를 타고 다른 대륙으로 나아가지 않았을 뿐이다. 지도를 보면 금방 확인할 수 있다. 미국이 독립할 때의 영토와 그로부터 반년 후의 영토를 비교해 보자(40쪽 지도 참조). 미국은 북미 대륙 안에서 엄청나게 영토를 넓혀 나가는 중이었다. 그러느라 해외 식민지 쟁탈전에는 눈을 돌리지 못했다.

미국이 최초로 대규모 영토를 확장한 것은 나폴레옹 전쟁 때였다. 나폴레옹이 유럽과 싸우며 식민지까지 돌아볼 경황이 없던 차에 군자금이 부족해서 북미 대륙 식민지를 미국에 몽땅 팔아 버린 것이다. 오대호에서부터 미시시피강 하구에 이르는 엄청나게 넓은 땅이었다.

갑자기 영토가 넓어지면서 미국은 북미 동부 연안에서 북미 대륙 전체로 눈을 돌렸다. 욕심껏 서쪽으로 계속해서 영토를 넓혀 나갔다. 이 과정을 한때 '서부 개척'이라고 부르기도 했다. 이렇게 말하면 마치 처음 독립한 13개 주 서쪽으로는 사람이 살지 않는 황무지였고, 미국인들이 그곳으로 이주해 개척한 것처럼 느껴진다. 당연히 그렇지 않다. 그곳에도 사람이 살고 있었다. 다만 그들은 국가라고 부를 수 있는 정치적인 집단을 이루지 않았고, 국경선과 같은 영토 개념이 없었다. 그저 자연과 더불어 부족끼리 공동체를 이루어 살았을 뿐이다. 그들이 바로 원주민이다.

영국계, 비영국계를 가리지 않고 유럽계 이주민들은 단합해서 원주민들을 몰아냈다. 무력으로 감당이 안 되면 기만적인 거래를 통해 계속

해서 서쪽으로 몰아냈다. 이 과정은 유럽 강대국이 다른 나라를 침략해 식민지로 삼는 과정과 본질적으로 다르지 않았다. 이를 '야만족의 문명화'라는 그럴듯한 말로 포장한 것 역시 제국주의 국가와 매한가지였다. 다만 북미 대륙 밖으로 나가지 않아서 눈에 띄지 않았을 뿐이다.

남북전쟁과
노예제도 폐지ㅣ

미국의 남북전쟁은 '동족상잔의 비극'이라 일컬어지는 우리나라의 6·25 전쟁과 전혀 다르다. 미국은 서로 다른 이해관계에 있었던 13개 나라가 오랜 정치적 타협 끝에 단결해 세운 나라다. 하지만 이들은 단지 공동의 적과 싸우기 위해 뭉쳤을 뿐, 처음부터 매우 이질적인 집단으로 서로 증오와 갈등의 불씨를 품고 있었다. 가장 격렬한 갈등을 일으킨 불씨는 노예제도였다.

봉건국가와 산업국가

건국 당시 미국은 크게 세 지역으로 분류할 수 있다. 청교도적 가치에 따라 근면성실한 자영농 마을을 건설하던 북동부의 뉴잉글랜드 주(메인, 코네티컷, 매사추세츠, 로드아일랜드, 뉴햄프셔, 버몬트), 상업에 밝은 양키 주(뉴욕, 뉴저지, 델라웨어, 펜실베이니아, 메릴랜드), 담배와 목화 등 특용 작물을 재배해 큰돈을 벌어들이던 남부 주(버지니아, 북캐롤라이나, 남캐롤라이나, 조지아)다. 북부는 점차 자본주의적인 사회로 바뀌어 갔다. 반면에 남부는 봉건적인 사회를 유지했다. 백인 농장주들이 노예를 시켜 드넓은 목화밭을 경작하며 귀족 같은 생활을 누렸다. 마거릿 미첼의 소설《바람과 함께 사라지다》에 당시 남부 농장주 가족들의 삶이 잘 그려져 있다. 그들은 농장 일은 물론 집안일과 양육까지 노예들에게 무보수로 맡겼다.

한편, 미국은 독립할 때 영국으로부터 꽤 많은 땅을 할양받았는데, 이 땅에 이주민이 옮겨 가면서 새로운 주가 속속 생겨났다. 새로운 주가 만들어질 때마다 그 주가 노예제를 인정하는 '노예 주'인지, 부정하는 '자유 주'인지를 놓고 북부와 남부가 첨예하게 부딪쳤다. 오하이오, 미시간, 일리노이, 위스콘신, 인디애나는 자유 주에, 테네시, 켄터키, 앨라배마, 플로리다 등이 노예 주에 편입되었다.

북부가 자본주의로 나아가는 데는 오대호 연안에서 발견된 석탄과 철광이 큰 원동력이 되었다. 석탄과 철광 자원을 바탕으로 오대호 지역이 공업지역으로 바뀌었다. 프랑스로부터 미시시피강 유역을 획득(1803)하면서 이곳의 농업지역과 오대호 지역의 공업지역이 연결되었다. 이로써 대규모 산업도시가 형성되었고, 이곳을 중심으로 산업혁명이 일어났다. 북부는 빠르게 근대 산업사회로 변모하며 자본주의 세계로 성큼 다가섰다. 공업과 농업이 동시에 발달하면서 노동력의 수요가 부쩍 늘어났다. 북부는 노예가 아니라 유럽의 이주민을 통해 노동력을 충당했다.

1840년대는 온 유럽이 혁명으로 들끓던 혼란기였고, 곳곳에서 서민

위: 19세기 중반, 숙소 앞마당에서 목화솜 작업 중인 흑인 노예들
아래: 목화농장에서 작업 중인 흑인 노예들과 농장주

들이 굶주림에 시달렸다. 그 난리통과 가난을 피해 많은 유럽인이 신대륙으로 밀려들었다. 굶어 죽는 사람이 많았던 아일랜드는 거의 민족 대이동이라 할 정도였다. 150만 명이 넘는 아일랜드인을 포함해 400만 명이상의 이주민이 뉴욕으로 들어왔다. 이들을 고용하는 것이 노예를 쓰는 것보다 훨씬 저렴했다.

북부는 인구와 경제력에서 점점 덩치를 더해 갔다. 반면에 남부는 독립할 당시에 비해 별로 나아진 게 없었다. 인구, 경제력, 생활방식, 사고방식까지 그대로였다. 이렇게 미국은 근대 산업국가와 중세 봉건국가가 마주하게 되었다. 언제든 남북 간의 갈등이 터질 기세였다.

노예해방 선언과 연방 탈퇴

남부인들은 값비싼 재산인 노예가 자유 주로 도망칠까 봐 늘 불안했다. 게다가 미국이 독립할 무렵 24세 나이로 영국 총리가 된 윌리엄 피트가 노예 무역을 금지해 버렸다. 해상권을 장악한 영국이 노예 무역을 금지하니 더 이상 아프리카에서 노예를 사들일 수 없었다. 노예가 귀해지자 노예에 대한 감시와 억압이 더 심해졌다.

북부의 자유 주 백인들 중에는 이런 노예제도의 패륜을 혐오하는 사람이 적지 않았다. 직접 나서서 남부의 노예들이 자유 주로 탈출하도록 돕기도 했다. 그러자 남부 출신 의원들은 '도망노예법'을 만들어 연방법으로 통과시켰다. 이에 따라 남부의 노예가 자유 주로 도망치더라도 노예 주의 권리는 남아 있으니 북부까지 쫓아가서 노예를 되찾아 올 수 있었다. 또 노예를 도와 탈출시키거나 숨겨 준 백인은 설사 자유 주 주민이라도 연방의 이름으로 처벌할 수 있었다.

그런데도 법망을 피해 탈출을 돕는 사람들이 줄어들지 않았다. 태어나면서부터 줄곧 노예였던 해리엇 터브먼도 탈출 후 다른 노예들을 구하기 위해 맹활약했다. 그는 '지하철도'라는 조직을 통해 300명 이상의 노예를 구했고, 남북전쟁 때도 탐험대를 이끌며 노예 탈출을 도왔다. 《월든》으로 유명한 미국의 철학자 헨리 데이비드 소로는 《시민 불복종》이라는 책을 씀으로써 물욕에 젖은 사회와 국가에 항거하고 노예 탈출을 정당화했다. 이 책은 마틴 루서 킹, 모한다스 간디 등 수많은 인권운동가들에게 영향을 미치기도 했다.

한편 해리엇 비처 스토의 소설 《톰 아저씨의 오두막》, 프레더릭 더글러스의 자서전 《미국 노예 프레더릭 더글러스의 삶에 관한 이야기》 등은 노예제도의 참상을 전함으로써 많은 북부 백인들의 눈시울을 적셨다. 반면 남부는 북부의 '양키'들이 '깜둥이'들을 선동한다며 격하게 반감을 드러냈다. 노예 주들은 만약 링컨 대통령이 노예해방을 선포하면 연방을 탈퇴하겠다고 엄포를 놓았다.

사실 노예 주들은 노예 문제가 아니더라도 연방에 계속 남아 있을 마음이 없었다. 정치, 산업, 금융, 무엇보다 인구에서 북부는 눈부시게 성장하는데 남부는 정체되어 있었다. 남부는 이를 북부가 북부 주에 유리하게 연방을 끌고 가기 때문이라고 불만을 품은 터였다.

실제로 남부와 북부의 격차는 점점 커져만 갔다. 북부는 계속 확장해서 23개 주에 걸쳐 인구가 2,200만여 명에 이르렀는데, 남부는 13개

흑인 해방 운동가 해리엇 터브먼(1820~1913)

주에 고작 900만 명이었다. 그나마 350만 명은 흑인 노예였다. 결국 하원이나 상원이나 북부가 3분의 2 의석을 차지해 연방 정부는 사실상 북부 주들의 이익을 대변할 게 뻔했다. 그럴 경우 남부 농장주들은 그동안 누려 왔던 생활을 위협받을까 봐 두려워했다. 마치 프랑스 혁명을 걱정스럽게 바라보던 유럽의 귀족들과 비슷한 심정이었다. 만약 노예가 해방되면 농장주들을 찾아와 광란의 보복을 할 수도 있었다. 어쩌면 흑인이 지배하는 주가 나올지도 몰랐다. 이런 걱정이 들자 남부 농장주들에게 연방 가입은 더 이상 의미가 없었다.

마침내 1861년 1월 역사적인 '노예해방 선언'이 발표되었고, 4월 노예 주들은 연방 탈퇴를 선언했다. 그리고 USA보다 조금 느슨한 연방인 남부연합CSA, Confederation States of America을 결성했다.

이로써 미국은 2개의 나라가 되었다. 남부의 11개 주인 버지니아, 북캐롤라이나, 남캐롤라이나, 미시시피, 플로리다, 앨라배마, 조지아, 루이지애나, 텍사스, 아칸소, 테네시가 남부연합에 가입했다. 미주리, 켄터키는 노예 주였지만 연방을 탈퇴하지 않았다.

남북전쟁

연방 탈퇴는 꽤 복잡한 물음을 던져 주었다. 미국은 원칙적으로 여러 나라가 연방에 가입하기로 함으로써 탄생한 나라다. 건국 당시 13개 주였고, 서쪽으로 진출해 새롭게 마련한 영역은 '준주'로 있다가 연방 가입 신청이 승인되면 새로운 주가 되는 방식으로 영토를 확대해 나갔다.

위: 남북전쟁의 첫 교전지였던 섬터의 연방군 요새
아래: 남북전쟁 중 버지니아 남동부 바다에서 벌어진 해전(쿠르츠 앤드 앨리슨 그림)

그렇다면 연방에 한번 가입하면 탈퇴할 수 없는 것일까? 남부연합을 세운 11개 주는 가입도 탈퇴도 모두 각 주의 고유한 주권이라고 보았다. 즉 이는 미 연방이 여러 나라의 '연합'이냐, 아니면 그 나라들이 연합해 만든 하나의 '국가'인가에 대한 물음이었다. 근대 산업사회를 이룬 북부는 하나의 국가라고 주장했고, 봉건사회였던 남부는 연합이라고 주장했다. 이는 근대와 중세의 국가관 차이를 그대로 보여 준다. 근대 국가는 중앙집권화된 민족국가를, 중세 국가는 영주들 간의 느슨한 연합을 원했던 것이다.

　　이들이 만든 나라 이름에서 벌써 차이가 난다. United는 여럿이 모여 하나로 결속한다는 의미다. 반면 Confederation은 여러 나라가 특정한 문제와 목적을 위해 연합한다는 의미다. 그 문제와 목적 이외의 영역은 전적으로 각 주 정부의 소관이 된다.

　　남부연합에 가입한 11개 주는 새로운 헌법 제정에 합의했다. 이 헌법에서 연합 정부와 대통령(6년 단임)의 권한은 축소하고 각 주의 자주권을 강조했다. 그리고 '노예제'를 노골적으로 헌법에 명시했다.

　　연방 정부는 즉각 이들을 반역으로 규정하고 다시 연방에 가입하기를 종용했다. 연합 측은 1861년 4월, 사우스캐롤라이나 섬터에 있는 연방군 요새를 공격하는 것으로 대답을 대신했다. 이로써 연방과 연합 간에 전쟁이 일어났다. 바로 남북전쟁이다. 우리는 남북전쟁이라 부르지만 미국에서는 '내전'이라고 부른다.

　　처음에는 남부가 유리해 보였다. 하지만 전쟁의 승부는 처음부터 이미 결정이 난 것이나 다름없었다. 인구, 경제력, 무기 생산력 등 모든 면에

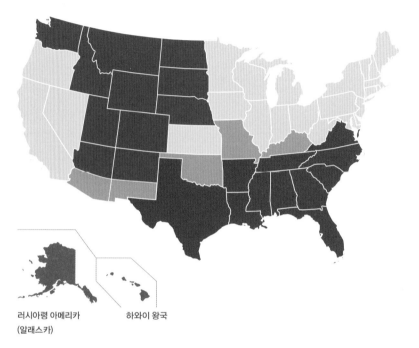

러시아령 아메리카
(알래스카)

하와이 왕국

남북전쟁 막바지의 미국 영토(*1864. 10.~1865. 4.*)

서 남부는 북부의 상대가 되지 못했다. 그나마 남부가 기대를 걸었던 것은 봉건적이고 중세적인 문화 때문에 남부에 유능한 직업군인이 많았다는 것이다. 그래서 남부군 총사령관 로버트 리 장군은 속전속결로 연방의 수도를 함락해 전쟁을 끝내려 했고, 북부군 총사령관 율리시스 그랜트 장군은 지구전으로 버티려 했다.

전쟁은 4년간 이어졌다. 같은 나라 사람들끼리 싸운 전쟁이라는 사실이 믿어지지 않을 정도로 많은 사람이 목숨을 잃었다. 연방이 총 230만 명의 군인을 동원해 36만 명이 전사했고, 남부는 약 100만 명을 동원해 26만 명이 전사했다. 남부군의 전투력이 확실히 더 강했지만, 동원 가능한 인적, 물적 자원에서 북부의 상대가 되지 못했다. 결국 남부가 항복하면서 이 잔혹한 내전은 민간인까지 100만 명 이상의 사망자를 남기고 막을 내렸다.

이로써 건국 이래 끊임없이 미국 헌법을 조롱하는 듯했던 노예제도가 완전히 폐지되었다. 그렇다고 해서 흑인들이 시민의 권리를 온전히 누릴 수 있었던 것은 아니다. 전쟁으로 초토화된 남부에서는 빈민으로 전락한 백인들이 이 모든 책임을 흑인들에게 전가하며 악명 높은 인종주의 테러 단체인 KKK단을 결성했다. 이들은 흑인 중에 지식인층이나 출세한 사람을, 백인 중에서는 진보적인 정치인을 골라서 공격했다. 이 남부 백인들을 정치적 기반으로 해서 생겨난 정당이 민주당이다. 그때는 민주당과 공화당의 정치적 위치가 오늘날과 정반대였다.

아메리칸 드림의
산업국가

남북전쟁을 기준으로 미국은 다른 나라가 되었다. 이제 건국 때부터 계속돼 왔던 '연방주의냐, 자치주의냐'라는 논란은 끝났다. 연방 정부는 영토 내 유일하고 배타적인 주권이 되었다. 이는 미국이 로마 제국 이래 서양 역사상 처음으로 유럽 전체와 맞먹는 거대한 중앙집권 국가가 되었다는 뜻이다.

미국은 주별로 흩어져 있을 때는 몰랐던 국력의 강력함을 자각했다. 이때부터 전통적인 고립주의를 버리고 팽창주의, 나아가 제국주의로 방향을 틀었다. 무엇보다 산업혁명의 속도가 빨라진 것이 결정적인 힘이 되었다. 남부 봉건사회가 몰락하면서 엄청나게 많은 잉여 노동력이 공급되었다. 노예에서 해방된 수백만 명의 흑인들은 스스로 일자리를 찾아야 했다. 몰락한 옛 농장주와 가족들도 마찬가지였다. 풍부하고 저렴한 노동력 덕분에 미국은 산업국가로 빠르게 발전했다. 새로운 기회와 일자리를 찾는 외국인과 큰돈을 노린 자본가들이 쏟아져 들어왔다. 뉴욕을 통해 아일랜드, 이탈리아인들이 건너왔고, 샌프란시스코를 통해 중국인들이 건너왔다. 영국에서는 막대한 자본이 들어왔다.

대영제국이 쥐고 있던 세계의 패권이 미국으로 넘어간 것은 1차 세계대전 이후가 아니다. 19세기 후반 대영제국이 서서히 사그라들며 판도는 이미 영국에서 미국으로 넘어가 있었다. 미국은 여러 모로 영국보다 유리했다. 산업의 3요소인 토지, 노동, 자본이 모두 무한에 가까웠다. 바다나 다름없는 오대호와 미시시피강이 대륙을 남북으로 연결했고, 여기에 대륙 횡단 철도를 세우면서 유럽 전체만 한 영토가 사방으로 연결되었다. 근대 산업의 혈액이라 할 만한 석탄, 철, 석유도 계속 쏟아져 나왔다. 스코틀랜드에서 맨몸으로 건너와 철강 분야의 일인자가 된 앤드루 카네기의 말대로 "철 있는 곳에 석탄도 있었다".

'강철왕' 카네기를 비롯해 '석유왕' 존 록펠러, '자동차 왕' 헨리 포드, 전기 발명자 토머스 에디슨 등 입지전적 인물이 맹활약한 시기가 바로 이 무렵이다. 누구에게든 기회가 열려 있었다. 혁신적인 아이디어로 발명을 하고, 사업 수완을 발휘하면 창고 노동자도 거대한 부호가 될 수 있었다. 이것이 바로 '아메리칸 드림'이다. 물론 밝은 면만 있는 것은 아니었다. 카네기, 록펠러 등을 '강도 남작'이라 불렀듯이 자기 이익을 위해 냉혹하게 남을 짓밟는 비정한 경쟁의 시대였다.

이 무렵 미국을 방문한 프랑스의 정치학자 알렉시 드 토크빌은 평등주의와 시민 참여에 기반한 미국의 민주주의에 감탄하면서도, 민주사회를 살아가는 사람들의 관심사가 오직 '부 축적'에 있다는 것에 놀랐다. 19세기 후반 미국은 과거 어느 시절에도, 세계 어느 곳에서도 꿈꿀 수 없었던 엄청난 돈을 벌 기회로 들끓었다. 돈을 벌겠다는 목적 앞에서는 그 어떤 전통도, 제도도, 심지어 도덕도 무력하게 쓸려 나갔다. 토크빌은 "돈에 대한 숭배가 인간에 대한 애정을 압도하는 나라를 미국 외에 어느 곳에서도 본 적 없다"고 말했다.

이제 미국은 유럽의 재침략을 두려워해 먼로주의 같은 고립의 길을 걷는 나라가 아니었다. 1880년 미국은 영국을 제외한 유럽 대부분의 나라를 앞서는 산업국가가 되었고, 1900년에는 영국마저 앞질러 세계 최대의 산업국가가 되었다.

미국의 이 위상은 토크빌의 말처럼 인간에 대한 애정을 말살하고 사람을 도구 취급하면서 얻어 낸 것이었다. 그 최대 희생자는 다름 아닌 노동자였다. 19세기 후반 미국 노동자들은 낮은 급여와 형편없는 처우로 과거의 노예들보다 조금 나은 처지였다. 록펠러, 카네기 등에게 노동자들은 남부에서, 유럽에서, 중국에서 끊임없이 공급되는 값싼 소모품일 뿐이었다.

노동자들은 마냥 참고만 있지 않았다. 1877년 미국 전역에서 대대적인 파업이 일어났다. 정부와 자본가들은 무력 탄압으로 대응했다. 이 총파업 투쟁과 탄압 끝에 100명이 넘는 노동자가 사망하고 수천 명이 감옥에 들어갔다. 이를 계기로 미국에 전국 단위 노동조합들이 만들어지기 시작했다. 그 가운데 '노동자 기사단'은 100여 명으로 시작해 1886년이 되자 거의 80만 명에 이르는 거대 단체가 되었다.

이들이 중심이 되어 1886년 5월 1일 시카고에서 8시간 노동제(12시간 넘게 노동하던 시기였다)를 요구하는 총파업 및 대규모 시위가 일어났다. 시카고에서만 8만여 명이, 전국적으로 50만여 명이 참가했다. 처음에는 평화적인 시위였으나, 5월 3일 경찰의 발포로 사망자가 발생하자 시위가 격렬하게 바뀌었다. 결국 5월 4일 일리노이주 헤이마켓에서 경찰이 시위대에 사격을 하면서 노동자 수십 명이 사망하는 참사가 일어났다. 시위 주동자 8명이 폭동죄로 체포되었고, 이 중 5명이 처형당했다.

헤이마켓 사건을 계기로 노동자 기사단의 사기는 급격히 떨어졌지만,

헤이마켓 희생자 기념비

노동자들의 저항이 약해진 것은 아니었다. 자본가들은 이 거대한 봉기에 한발 물러나 8시간 노동제를 도입하는 등 노동자들의 처우 개선에 눈을 돌렸다. 헨리 포드는 노동 생산성을 높이는 쪽으로 방향을 틀면서 이른바 혁신의 시대를 열어 나갔다.

노동자들 역시 좀 더 체계적인 조직을 건설해 나갔다. 무엇보다 협상력과 정치력을 갖춘 조직이 필요했다. 마침내 1886년 12월 새뮤얼 곰퍼스가 지도하는 미국노동총연맹AFL을 결성하게 되었다. 그런데 이 연맹은 흑인들의 가입을 거부하는 등 억압받는 계급 안에서 또다시 차별을 두는 이중성을 보였다. 미국 사회의 불평등 문제가 복잡하게 꼬여 있다는 사실을 증명해 보인 셈이다.

오늘날 전 세계에서 5월 1일을 노동자의 날로 삼은 것은 바로 미국 노동자들이 만천하에 목소리를 높인 1886년의 그날을 기념한 것이다. 그런데 정작 이 사건의 본고장인 미국에서는 5월이 아니라 9월에 노동절이 있다.

대륙 너머로
세력을 넓히다

무한히 넓어 보였던 북미 대륙도 어느새 온갖 산업으로 꽉 차게 되었다. 미국은 끊임없이 생겨나는 자본을 소화하기 위해 나라 밖으로 시선을 돌렸다. 우선은 아메리카 대륙에 남아 있는 유럽 세력을 내몰기로 했다. 백 년 전에 천명한 먼로주의를 악용해 아메리카 대륙 전체를 미국의 손아귀에 넣으려는 것이었다. 이것이 미국식 제국주의다.

우선은 플로리다에서 배로 두 시간이면 건너 다닐 수 있는 쿠바를 목표로 했다. 당시 남아메리카의 식민지들 대부분이 스페인령이었는데 쿠바도 마찬가지였다. 이즈음 마침 쿠바에서 농민 혁명이 일어났는데 이를 진압하는 과정에 스페인이 미국 함선 메인호를 폭발시켰다. 1898년 4월 미국은 전쟁을 선포했고, 단 몇 달 만에 가뿐히 승리를 거두었다. 그 결과 쿠바, 필리핀, 괌, 푸에르토리코 등 당시 스페인령 대부분이 미국의 차지가 되었다.

이 미서전쟁에서 가장 큰 활약을 한 사람이 바로 미국이 제국으로 변모해 가던 시기의 상징 인물인 시어도어 루스벨트다. 테디라는 애칭으로 더 유명한 그는 30대에 이미 뉴욕 경찰청장을 지내고 미서전쟁 발발 시기에는 국방부 차관보 자리에 있었다. 당시 루스벨트는 국방부 차관보를 그만두고 민병대를 모집해 미서전쟁에 참가했다. 이 민병대는 정부의 명령도 무시하고 독자적으로 싸우더니 산티아고 전투에서 스페인군을 대파했다.

산티아고 전투는 미국에 엄청난 자부심을 안겨 주었다. 미국이 유럽과 제대로 싸워 이긴 최초의 전쟁이었기 때문이다. 그런데 안타깝게도 이 전쟁에서 루스벨트는 아들을 잃고 말았다. 당시 아들을 전쟁터에 보내지 않으려고 갖은 방법을 쓰던 상류층과 달리 루스벨트는 고위 관직을 팽개치고 아들까지 함께해 전쟁터에 뛰어들었던 것이다. 비록 자식은 잃었지만 그는 미국민들에게 뚜렷한 인상을 남기며 국민 영웅이 되었다.

이러한 인기를 바탕으로 루스벨트는 공화당 뉴욕 주지사 후보로 나가 당선했고, 연줄로 들어온 공직자들을 해임하고, 부정부패에 찌든 관료들을 처벌하고, 기업들의 독과점을 엄격히 규제하는 등 뉴욕의 지배층을 마구 흔들어 놓았다. 당황한 공화당 지도부는 그를 부통령 후보로 선거에 내보냈고, 윌리엄 매킨리 대통령이 재선에 당선하면서 루스벨트가 부통령이 되었다. 부통령이라니 겉보기에는 영전으로 보이지만, 미국 최대 도시를 통치하는 뉴욕 주지사와 대통령이 살아 있는 한 부통령은 권한이 매우 작은 비상 대기조에 불과했다. 실로 교묘한 정치적 술수였다.

그런데 뜻밖의 일이 일어났다. 매킨리 대통령이 임기 1년도 채우지 못하고 암살당한 것이다. 루스벨트를 뉴욕 주지사에서 끌어내리고 한직으로 보내 버린 공화당 지도부의 술수는 부메랑으로 돌아왔다. 루스벨트가 미국 역사상 가장 젊은(42세) 대통령이 된 것이다(1901).

막강해진 연방 정부

루스벨트는 20, 30대 젊은이들을 정부 요직에 임명하고 백악관을 대중에게 개방하는 등 당시로서는 깜짝 놀랄 만한 정책을 펼쳤다. 특히 재벌 개혁에 적극적으로 나섰다. 당시 많은 대기업이 마치 다국적 기업처럼 여러 주에 다리를 걸쳐 놓고 각 주법을 요리조리 피해 다니고 있었다. 루스벨트는 그런 대기업들을 상대로 회계 감사를 실시하고, 강력한 반독점법을 시행해 독과점 행위를 단속함으로써 대기업의 횡포를 막았다.

노동자 권익 보호에도 적극 나섰다. 많은 노사 분규에 직접 개입해 적정 수준의 임금안을 제시하고 반강제로 타결시켰다. 물론 힘에서 열세인 노동자들에게 유리한 결과를 안겨 주려는 것이었다. 그 대신 노동조합이 폭력적인 파업을 할 경우에는 곧바로 강경하게 대응했다.

루스벨트 이전과 이후의 미국은 전혀 다른 나라가 되었다. 루스벨트 이전의 미국은 정부는 약하고 지역과 기업의 힘이 강한 나라였다. 특히 각 지역의 토착 정치인과 대기업, 금융가 등이 결탁해 사실상 미국을 지배하는 검은 카르텔을 이루고 있었다. 이들은 주의회를 장악하고 주지사와 시장을 자신들 세력 중에서 만들어 내면서 미국을 민주정이 아니라 소수가 지배하는 과두정의 나라로 만들어 갔다.

반면에 루스벨트는 연방 정부의 힘을 키워 나갔다. 연방 정부가 각 주의 정책은 물론 노사 문제나 심지어 사유재산으로 여겨지던 기업 활동에도 개입했다. 대기업, 대자본과 결탁한 지배층에는 철퇴를 날리고, 주로 노동자들인 일반 시민들의 권리를 향상시키려고 했다.

문제는 루스벨트가 이 극강의 힘을 다른 나라에까지 휘둘렀다는 것이다. 이전 정권에서는 볼 수 없었던 독불장군 같은 모습이었다. 특히 아메리카 대륙의 주변국들에 대해서는 마치 식민지 종주국처럼 고압적으로 대하며 서슴없이 무력을 행사했다. 이를 '큰 몽둥이 정책'이라고 자랑스럽게 부르기까지 했다.

그의 정책은 파나마 운하 건설 사업에서 큰 빛을 발했다. 북아메리카와 남아메리카를 잇는 파나마에 운하를 지으면 미국의 무역업이 몇 배는 더 활발해질 것이었다. 그만큼 루스벨트는 이 사업에 심혈을 기울였는데,

위: 젊은 시절 사냥에 나선 시어도어 루스벨트
아래: 1905년 3월 시어도어 루스벨트 대통령 재취임식 장면

당시 파나마를 차지하고 있던 콜롬비아가 방해되자 어김없이 무력을 동원했고, 운하를 짓기 위해 파나마 정부로부터 많은 땅을 빼앗았다.

중남미 여러 나라에 미국인 경제 고문을 보내 내정 간섭을 하기도 했다. 물론 중남미 나라들은 이를 인정하지 않았지만, 루스벨트는 먼로주의를 재해석해 다음과 같은 억지주장을 했다. 아메리카 대륙이 외부의 간섭을 받지 않는 대신 미국이 아메리카 대륙 전체의 치안과 보호를 담당한다는 것이었다.

그렇지만 하와이, 괌, 필리핀 등은 아메리카 대륙에 속하지 않아서 재해석한 먼로주의로도 접근할 수 없었다. 게다가 그즈음 아시아 태평양 지역의 강자로 떠오른 일본이 태평양의 미국령 지역을 침략하지 않을까 하는 불안감이 있었다. 그래서 루스벨트는 일본과 만나 '가쓰라-태프트 협정'을 맺었다. 1905년의 이 악명 높은 협정을 통해 일본은 조선을, 미국은 필리핀과 괌을 침략할 수 있게 되었다.

1차 세계대전으로
절대 강국이 되다

혁혁한 공을 세우며 재임까지 한 시어도어 루스벨트는 1909년 8년간의 대통령직에서 물러났다. 미국 지배층은 그제야 안도의 한숨을 내쉬었다. 그런데 그로부터 4년 뒤 루스벨트보다 더 급진적인 대통령이 등장했으니,

바로 우드로 윌슨이다.

윌슨은 루스벨트와 갈등이 깊었지만, 국내적으로는 진보적 자유주의, 대외적으로는 강압적인 제국주의의 두 얼굴을 하고 있었다는 점에서 닮은 꼴이었다. 루스벨트와 윌슨은 각각 공화당, 민주당으로 소속 정당이 달랐지만, 둘 다 소속 당 주류와 대립했다. 둘이 대통령을 거쳐 간 20년 동안 미국은 자치라는 이름으로 토착 지배 세력과 자본가가 지배하던 엉성한 나라에서 강력한 연방 정부가 국내 질서를 바로잡고 대외적으로도 자국의 이익을 관철시키는 나라로 바뀌었다.

윌슨은 연방준비제도이사회FRB를 조직하고 미국 전역에 여러 개의 연방준비은행을 설립해 금융을 관리하도록 했다. 그러자 정체를 알 수 없던 수많은 검은 돈의 흐름이 투명해지고 약탈적인 자본가들의 힘이 한층 약해졌다. 나아가 윌슨은 노동자들의 파업과 불매운동을 합법화하는 등 친노동자 정책을 펼쳤다. 루스벨트가 반독점법을 강하게 추진한 것과 매우 닮았다.

한편 국내의 진보주의와 해외의 제국주의라는 두 얼굴의 대조는 루스벨트보다 윌슨이 더 선명했다. 루스벨트가 중남미의 주변국에 단지 간섭을 한 정도였다면, 윌슨은 멕시코에 무력 침공을 감행해 우에르타 정권을 무너뜨리고 친미 정권을 세웠다. 아이티와 도미니카 공화국은 아예 점령해 식민지로 만들어 버렸다. 그런 윌슨이 영국, 프랑스 등 유럽 제국주의에 대해서는 비판적이었다. 그들의 경쟁적인 식민지 쟁탈이 언젠가는 큰 전쟁으로 발전할 것이라고 경고했다.

그의 말은 맞아떨어졌다. 20세기 들어 점점 격렬해지던 식민지 쟁탈전이 1914년 1차 세계대전이라는 끔찍한 재앙으로 폭발했다. 영국과 독일, 두 축을 중심으로 대치하던 유럽 열강들의 싸움은 1918년 11월까지 4년간 이어졌다. 관망하고 있던 미국은 전쟁이 거의 끝나갈 무렵인 1917년에 참전했다. 윌슨은 이 전쟁에 가담하는 것을 극도로 꺼렸다. 아무리 미국이 다른 나라를 마구 침략하면서 스스로 먼로주의를 위반하고 있어도, 중남미나 아시아에 개입하는 것과 유럽에 개입하는 건 이야기가 달랐다. 유럽이 아메리카에 간섭할 수 없다고 먼로주의를 해석했으니 미국 역시 유럽에 개입하면 안 되었다.

더구나 미국인들이 영국인들과 유대감이 깊은 것만도 아니었다. 미국 백인들 중에는 독일계도 상당히 많았고, 오랫동안 영국의 지배를 받았던 아일랜드 출신도 많았다. 영국에 대한 아일랜드인들의 감정은 일본에 대한 한국인들의 감정 이상으로 뿌리 깊은 터였다. 그러니 미국이 영국과 독일 간의 전쟁에 구태여 끼어들 이유가 없었다.

하지만 간접적인 개입은 불가피했다. 전쟁이 소모전 양상으로 치달으면서 막대한 물자가 필요하게 되었고, 이 물자를 생산해 낼 수 있는 곳은 전쟁으로 파괴되지 않은 미국뿐이었다. 미국의 공장들이 맹렬하게 돌아가며 군수 물자를 생산하기 시작했고, 생산하는 족족 수출되었다. 또 미국은 영국, 프랑스에 막대한 군자금을 빌려줘서 이자 소득도 쏠쏠했다.

독일은 미국의 이런 태도가 매우 껄끄러웠다. 1915년 독일은 영국과 미국을 오가는 배에 무차별 공격을 가했다. 이 과정에서 영국 상선 루시타니아호가 침몰해 미국인 128명이 목숨을 잃었다. 이때까지만 해도 미국은 섣불리 전쟁터에 뛰어들지 않았다. 그런데 1917년 초 독일 외무장

독일의 공격으로 침몰하는 루시타니아호

관 치머만이 멕시코에 보낸 암호 편지가 발각되면서 독일에 대한 반감이 폭발했다. 편지 내용이란 미국에 빼앗긴 멕시코 영토를 되찾아 줄 테니, 미국이 독일을 공격하면 도와달라는 것이었다.

윌슨은 결국 독일에 선전 포고를 했고, 미국의 참전은 1차 세계대전 종결의 결정타가 되었다. 이전까지는 영국, 프랑스, 이탈리아 연합군과 독일, 오스트리아 동맹군의 팽팽한 세력 균형으로 막대한 전력 소모와 인명 피해만 내면서 도무지 끝날 기미가 없었다. 그런데 미국이 끼어들면서 전쟁의 균형추가 영국, 프랑스 쪽으로 확 기울었고, 마침내 1918년 연합군이 승리를 거두었다.

파리 강화회의

전쟁이 끝난 후 승전국 대표들은 파리에 모여 앞으로의 국제 질서에 대한 회의를 진행했다. 여기서 윌슨의 목소리에 꽤 힘이 들어갔다. 비록 뒤늦게 참전해 승전국 대열에 합석했지만, 잠깐 사이에 12만 명의 군인을 잃었으니 무임승차라고 비웃을 일이 아니었다(루스벨트는 이 전쟁에서 막내아들까지 잃었다). 회의 중 영국, 프랑스가 독일에 대한 복수심을 내비치자 윌슨은 관대한 처벌을 주장하며 중재하려 했다. 독일에 원한을 남기면 다음 전쟁의 빌미가 될 뿐이라는 것이었다. 그러나 인명 손실이 컸던 두 나라는 결국 독일에 엄청난 배상금을 강요했다.

이 회의에서 윌슨은 모든 민족은 다른 민족의 간섭을 받지 않고 스스로 정치를 해야 한다는 민족자결주의를 주창했다. 이는 당시 독립을 염원하던 식민지 국가들에게 큰 희망을 주었다. 민족자결주의에 따라 앞으로 식민국의 존재가 차츰 사라질 거라 기대했다. 마침 그즈음 우리나라에서 일어난 3·1운동도 이 사상에 고무된 것이라는 주장도 있다.

그러나 민족자결주의는 패전한 동맹국의 식민지들을 해체하기 위한 명분일 뿐이었다. 미국, 영국, 프랑스, 그리고 당시 독일의 아시아 영토를 차지한 일본은 식민지를 꽉 움켜쥐고 놓지 않았다.

윌슨은 인종과 여성에 대한 편견도 강한 인물이었다. 노동자들의 권익을 위해 많은 일을 했지만, 그 권익은 어디까지나 백인 남성 노동자들의 것이었다. 흑인이나 여성은 윌슨에게 평등한 사람으로 보이지 않았다. 2017년 도널드 트럼프가 등장하기 전까지 윌슨은 미국 역대 대통령 중 가장 지독한 인종차별주의자, 성차별주의자라는 불명예를 100년 동안 유지했다. 그는 흑인이 백인과 같은 학교에 다닐 수 없다고 주장했다. 흑인을 상대로 테러를 자행하던 KKK단을 지지하기도 했다. 그래서 2020년 미국 전역에서 인종차별 반대 시위가 일어났을 때 윌슨의 모교인 프린스턴 대학교가 각종 기념물, 기숙사, 도서관에서 윌슨의 이름을 지워 버리기도 했다. 그런 윌슨이 설마 아시아 유색 인종들의 독립을 지지했을까?

윌슨은 세계 평화를 위한 국제연합 기구를 만들자는 제안도 했다. 이에 따라 국제연맹이 탄생했는데(1920), 정작 미국 상원은 국제연맹 가입을 부결시켰다. 미국 보수주의자들 가슴에는 여전히 먼로주의, 즉 미국 고립주의에 대한 아쉬움이 남아 있었다. 결국 윌슨은 자신이 산파 역할을 한 국제연맹에서 자국이 빠지는 황당한 꼴을 보고 말았다.

충격을 받은 윌슨은 뇌졸중으로 쓰러져 반신불수가 되었다. 이때 미

우드로 윌슨 대통령 부부

국 헌정 사상 가장 황당한 쿠데타가 일어났다. 영부인 이디스 윌슨이 대통령의 졸도 사실을 숨기고 남은 임기 동안 국정을 처리한 것이다. 미국 헌법에는 대통령의 직무 수행이 어려울 경우 부통령이, 부통령도 여의치 않으면 하원 의장이 대신하도록 되어 있다. 그런데 아무 자격 없는 영부인이 사실상 국정을 운영했으니 안방에서 쿠데타가 일어난 셈이다. 이 사실은 윌슨 대통령이 세상을 떠난 1924년 이후에야 밝혀졌다.

진보적 이상주의자와 인종·성 차별주의자라는 윌슨의 두 얼굴, 그리고 그의 안방에서 막강한 권력을 행사한 이디스 윌슨을 함께 떠올리니 묘한 아이러니가 느껴진다.

루스벨트와 윌슨, 두 괴짜 대통령의 시대를 거치면서 미국은 세계를 주도하는 나라가 되었다. 유럽이 4년간의 전쟁으로 초토화된 덕분에 미국은 사상 유례 없는 경제 호황까지 맞이했다. 전쟁 중에 군수 물자 생산으로 바쁘게 돌아갔던 공장들이 이번에는 복구 물자 생산으로 바쁘게 돌아갔던 것이다. 어떤 기업인지 따지지 말고 아무 주식이나 사 두면 무조건 돈을 번다는 말이 나올 정도로 미국의 기세는 등등했다.

남북전쟁으로부터 불과 반세기 만에 미국은 세계 최강국으로 올라섰다. 폐허가 된 유럽에서 일자리를 찾아 건너오는 이민자들이 줄을 이었다. 오늘날 동남아시아 노동자들이 일자리를 찾아 우리나라로 오는 것과 비슷했다. 실제로 당시 미국과 유럽의 경제 격차는 오늘날 우리나라와 동남아시아만큼이나 벌어져 있었다. 미국의 중산층 소득이면 유럽에서 거의 귀족처럼 행세할 수 있었다. 스콧 피츠제럴드의 소설 《위대한 개츠비》가 바로 이 시대의 단면을 보여 주는 대표적인 작품이다.

또 다른 역사,
여성 참정권

1차 세계대전 승리로 미국은 절대 강국이 되어 1920년대를 거침없이 나아갔다. 거의 흥청거릴 만큼 무서운 것이 없었다. 하지만 이것은 남성들만의 역사, 절반의 역사일 뿐이다. 여성들에게 1920년은 세계대전 승리보다 더 크고 중요한 승리의 해였다. 바로 여성이 참정권을 획득한 것이다.

미국의 여성 참정권 운동은 남북전쟁이 계기가 되었다. 남북전쟁으로 노예제가 폐지되고 흑인 남성도 참정권을 얻었지만(1870), 여전히 여성에게는 참정권이 없었다. 여성들은 흑인 남성으로까지 참정권을 확대한 수정헌법 15조에 여성을 포함시킬 것을 요구했다. 남성 정치인들은 이를 묵살했다. 이에 대한 항의로 유명한 인권 운동가 수전 앤서니는 대통령 선거 때 주변의 만류를 물리치고 투표에 참가했다. 그 표는 무효 처리됐고, 수전은 당시 엄청난 금액인 100달러 벌금형을 받았다.

1913년 윌슨 대통령 취임식 때는 1만 명이 넘는 여성들이 참정권 요구 시위를 벌였다. 지독한 성차별주의자이며 인종차별주의자 윌슨에게 여성이나 유색 인종(대부분 흑인)은 권리와 자유를 누릴 자격이 없는 이등 시민이었다. 윌슨은 이런 차별주의적인 생각을 종종 노골적으로 드러내기도 했다.

여성들은 그런 윌슨을 설득하긴 어렵다고 보고 강경한 투쟁으로 맞섰다. 서로의 몸을 쇠사슬로 묶고 백악관을 에워싸는 시위까지 벌였다. 경찰에 체포당하면 바로 단식 투쟁에 돌입했다. 당시 윌슨의 반대당인 공

1912년 뉴욕에서 열린 여성 참정권 시위

화당은 이들에게 호응했다. 1918년 총선에서 공화당이 승리했고, 여성 참정권을 인정하는 헌법 수정안이 하원에서 통과되었다. 그리고 2년 만인 1920년 8월, 모든 주에서 이 헌법 수정안이 비준되어 수정헌법 19조로 추가되었다. 그 내용은 단 한 줄이다.

미국 국민의 참정권은 미 연방이나 미국의 어떤 주에서도 성별을 이유로 제한될 수 없다.

미국 독립을 선언한 게 1776년, 흑인 남성이 참정권을 얻은 게 1870년이라는 것을 생각하면, 너무 뒤늦게 여성이 국민으로서 인정받은 것이다. 심지어 미국은 그나마 빠른 편이다. 영국은 1928년, 프랑스는 1944년, 일본은 1946년, 스위스는 1971년에야 여성 참정권을 허용했다. 많이 늦기는 했지만, 어쨌든 미국이 민주주의 역사에서 선두를 달리긴 한 셈이다.

그런데 수상한 점이 있다. 여성 참정권이 인정된 1920년은 윌슨 대통령의 임기 마지막 해(퇴임은 1921. 3.)로, 당시 미국은 영부인 이디스 윌슨이 국정을 운영했던 '안방 쿠데타' 시기였다.

아무튼 결과만 보면 잘된 일이다.

대공황과
뉴딜 정책

1차 세계대전 이후 미국은 대번영의 시기였다. 자고 일어나면 여기저기에 으리으리한 빌딩이 솟아 있었고, 기업의 공장들은 쉴 새 없이 물건을 만들어 냈으며, 사람들은 너도나도 주식을 사들였다. 그런 반면 노동자들의 임금은 오르지 않아 소비가 줄어들었고, 공장들이 생산량을 줄이기 시작해 실업자가 쏟아져 나왔다.

결국 1929년 10월 24일 경종이 울렸다. '검은 목요일'이라 부르는 이 날을 시작으로 10월 29일 화요일까지 주식 값이 폭포수처럼 떨어졌다. 뉴욕 월스트리트의 증권거래소는 주식을 처분하러 온 사람들로 난장판이 되었다.

주가가 떨어지니 기업들이 문을 닫기 시작했고, 기업에 돈을 빌려준 은행들까지 도산하기 시작했다. 사람들은 공포에 질린 채 은행으로 달려가 그동안 예금해 두었던 돈을 한꺼번에 인출했다. 이런 상황을 뱅크런 Bank Run 이라고 부른다.

단 3년 만에 미국 국내총생산은 25년 전 수준으로 떨어졌고, 뉴욕 증권거래소 주가지수는 3년 전의 10퍼센트 수준이 되었다. 실업률도 20퍼센트를 넘나들었다. 세계 경제의 중심인 미국이 이 지경이니 다른 나라들은 말할 것도 없었다. 거의 모든 자본주의 국가들의 주식시장과 금융시장이 무너져 내렸고, 이 여파는 거의 10년간 이어졌다. 검은 목요일에서 시작해 세계 경제를 무너뜨린 이 사건이 바로 '대공황'이다.

대공황 초기에 예금을 인출하기 위해 은행에 몰려든 사람들

처음에는 몇 년 견디면 나아질 거라고 생각했다. 원래 공황이야 자본주의 경제에서는 가끔 일어나는 일이고, 보통 3년에서 5년이면 회복되었다. 하지만 이번에는 달랐다. 기존의 수습 방법이 먹히지 않았다. '보이지 않는 손'이 수요와 공급을 조절하고 시장을 살려 줄 거라는 믿음도 배신당했다.

좀 더 파격적인 대책이 필요했다. 미국인들은 그런 대책을 제시해 줄 지도자를 선택했다. 공교롭게도 다시 루스벨트 대통령이었다. 시어도어 루스벨트가 아니라 그의 먼 친척이자 조카사위인 프랭클린 루스벨트다. 루스벨트는 취임하자마자 '뉴딜New Deal 정책'을 실시했다(1933). 이는 정부가 시장 경제에 적극 개입했다는 점에서 파격적인 정책이었다. 이를 위해 루스벨트가 내놓은 사업안의 두 축은 대규모 공공사업과 사회보장 제도였다. 공공사업을 시행해 실업자들에게 일자리를 지원하고, 여러 사회보장 제도를 마련해 취약 계층을 살리면 결국 전체적인 경제 부흥을 일으킬 수 있다는 것이었다.

그런데 워낙에 개인의 자율을 중시하는 미국인들은 개인의 살림살이에 정부가 개입하는 것을 매우 싫어했다. 사회보장 제도는 사회주의, 공산주의 국가에서나 실시하는 거라고 여기는 사람들이 많았다. 기업 활동이 자유로우며 기회가 많은 나라인 만큼 가난은 전적으로 본인의 책임이라고 여겼다. 심지어 가난한 사람들조차 사회보장 제도에 거부감을 느꼈다. 그 제도의 혜택이 자신을 '가난뱅이'로 낙인찍는다고 여겼다. 노동조합을 만들어 기업에 맞서 싸우며 처우를 개선할지언정 정부의 동냥은 받지 않겠다는 셈이었다.

위: 뉴딜 정책을 통해 컬럼비아강에 세운 보너빌댐
아래: 뉴딜 정책의 하나인 여성을 위한 일자리 지원 사업에 참가한 여성들

전통적인 미국의 가치에 충실한 의원들도 사회보장 제도 도입에 반대했다. 루스벨트는 취약 계층을 이대로 내버려 두면 폭동이나 혁명이 일어날 거라며 의원들을 설득했다.

결국 뉴딜 정책을 실시해 미국 전역에 댐, 다리, 학교 등 대규모 건축 공사를 시행했고, 일자리 지원을 위해 다양한 실업자 교육 프로그램을 마련했다. 농산물을 비롯해 여러 생산 물량을 제한해 가격 폭락을 방지하고, 노동자들의 권익을 대폭 확대했다. 단결권, 단체교섭권, 단체행동권이라는 노동삼권을 보장한 것도 이때다.

1936년 무렵 뉴딜 정책의 효과가 서서히 나타났다. 덕분에 루스벨트는 무난히 대통령 재선에 성공했다. 물론 경제가 완전히 회복된 것은 아니었다. 20퍼센트가 넘던 살인적인 실업률이 10퍼센트대로 떨어졌을 뿐이다. 물론 이것도 엄청난 실적이긴 하지만, 실업률은 10퍼센트대에서 좀처럼 내려가지 않았다. 대공황 회복은 아직도 멀어 보였다.

2차 세계대전으로
대공황을 탈출하다

미국이 대공황을 완전히 탈출한 것은 1939년 발발한 2차 세계대전이 결정적인 계기가 되었다. 유럽, 아시아, 북아프리카, 태평양 등지에서 6년간 벌어진 이 전쟁은 1차 때보다 훨씬 더 파괴적이었다. 어마어마한 군수 물자가 필요했다. 멈췄던 미국의 공장들이 다시 요란하게 돌아가기 시작했다. 이번에도 미국은 직접 참전하기보다 한발 떨어져서 군수 물자 판매로 경제적 이득만 거두는 쪽을 택했다. 심지어 독일 잠수함들이 뉴욕 항만에 어뢰를 발사했을 때도 불개입 원칙을 고수했다.

이 와중에 프랭클린 루스벨트가 또 다른 파격적인 행동에 나섰다. 1940년 세 번째로 대통령 선거에 출마한 것이다. 당시 미국 대통령은 재선까지 8년만 역임하는 것이 불문율이었다. 이것을 깬 최초이자 최후의 대통령이 루스벨트다. 이런 파격적인 출마에도 워낙 인기가 높았던 그는 10퍼센트 이상의 득표율 차이로 당선했다.

루스벨트가 세 번째 대통령 임기를 시작하던 해인 1941년 말, 일본이 미국 태평양 함대 본부가 있는 하와이 진주만을 기습 폭격해 치명적인 타격을 입혔다. 수천 명의 미군이 전사하고, 10척이 넘는 함선이 침몰하고, 188대의 전투기가 파괴되었다. 분노한 국민들의 여론이 들끓었고, 루스벨트는 즉시 일본에 선전 포고를 하고 전쟁에 뛰어들었다.

일본에 대한 선전 포고는 곧바로 일본의 동맹국인 독일, 이탈리아에 대한 선전 포고로 이어졌고, 미국은 유럽과 태평양 두 군데에서 독일 및 일본과의 전쟁을 시작했다. 1차와 달리 2차 세계대전에서 미국은 주도적인 역할을 담당했다. 태평양, 유럽 두 군데 전선에서 모두 미국 장군인 더글러스 맥아더와 드와이트 아이젠하워가 연합군을 지휘했고, 무려 44만 명의 전사자가 나왔다.

다만 미국은 다른 참전국들과 달리 민간인 피해는 거의 없었다. 미국 본토는 적군의 공격을 받지 않아 평범한 일상을 유지했다. 전쟁의 비참함보다는 오히려 되살아나는 경제의 활기가 느껴졌다. 경제활동 인구의 대부분이 군대에 징집되어 간 터라 실업자 문제가 저절로 해결되었고, 맹렬하게 돌아가는 군수 공장은 여성들까지 고용해야 할 정도로 일감이 넘쳐났다.

1944년 루스벨트는 전쟁 중이라는 이유를 들어 무려 네 번째로 대통령 선거에 출마했다. 이 선거는 시작도 하기 전에 승부가 날 정도로 싱겁게 끝났다. 득표율 격차가 거의 20퍼센트에 이를 정도로 압도적이었다.

그러나 루스벨트는 네 번째 임기를 시작한 지 겨우 82일 만인 1945년 4월 12일, 뇌출혈로 갑자기 사망했다. 전쟁으로 고생만 잔뜩 하고 막상 승리의 영광은 누리지 못한 것이다. 부통령 해리 트루먼이 대통령직을 이어받아 그해 5월 독일의 항복을, 8월 일본의 항복을 받아 내는 영광을 누렸다.

루스벨트는 미국 역사상 가장 긴 임기인 12년간 대통령을 지냈다. 하지만 그를 독재자라고 기억하는 사람은 거의 없다. "우파를 화나게 하려면 거짓을, 좌파를 화나게 하려면 진실을 말하라"는 그의 명언에서 짐작할 수 있듯이 그가 노동자와 취약 계층의 입장에서 진보적인 개혁을 했기 때문일 것이다. 게다가 그가 대통령으로 재직한 12년간은 대공황과 세계대전으로 이어진 어려운 시기였다. 그가 63세라는 비교적 젊은 나이에 뇌출혈로 쓰러진 것도 너무 오랫동안 압박감을 받아 왔기 때문일 것이다. 그런 루스벨트에 대해 미국은 깊은 존경과 애도를 표한 한편, 연방의회는 1947년 수정헌법 22조를 공포해 대통령 임기를 4년씩 2회까지만 가능한 것으로 못 박았다.

루스벨트 대통령을 기준으로 미국은 전혀 다른 나라가 되었다. 미국은 더 이상 작은 정부와 폭넓은 자유에 기반한 시장경제 사회가 아니었다. 루스벨트가 처음 설계한 공공사업 부문이 확대되어 정부의 역할과 규모가 점점 커졌기 때문이다. 물론 북유럽 국가들처럼 공공 부문 취업이 전체 취업의 30퍼센트를 넘지는 않지만, 우리나라(7.6퍼센트)보다는 훨씬 높은 15퍼센트에 이른다(통계청, 2016).

또 미국은 먼로주의, 고립주의를 시늉도 하기 어려운 나라가 되었다. 루스벨트가 2차 세계대전에 대해 불개입 원칙을 고수하고 있을 때 그는 나치 독일의 유대인 학살 등 반인류적인 범죄를 방치한다는 비판을 받았다. 미국과 같은 강대국이 세계 질서를 바로잡아 주지 않고 왜 관망만 하느냐는 것이었다. 미국은 이제 세계의 경찰 역할까지 요구받게 된 것이다.

공산주의에 대항한
소리 없는 전쟁

2차 세계대전이 끝나면서 염원하던 세계 평화가 올 것 같았다. 그러나 공산주의의 종주국 소련이 전 세계 공산화라는 야심을 품고 이곳저곳으로 침략의 손길을 뻗기 시작했다. 소련은 2차 세계대전을 통해 영토를 어마어마하게 넓힌 터였고 주변국인 헝가리, 폴란드 등 동유럽 곳곳에는 공산 정권을 세워 지배했으며, 프랑스와 독일 등에서도 시나브로 공산당 세

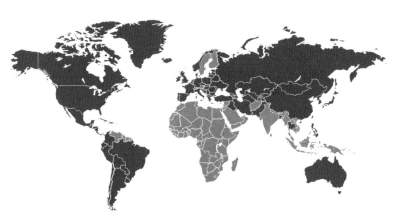

냉전 초기의 자유 진영과 공산 진영

력을 키워 나갔다.

미국은 긴장할 수밖에 없었다. 유럽이나 아시아로 침투한 공산주의 세력이 미국까지 넘어올지도 몰랐다. 본토에서 전쟁이 일어날 것을 극도로 염려한 미국은 미국에서 먼 곳에 경계선을 그어 놓고 공산주의 세력을 차단했다. 1989년까지 분단되었던 서독과 동독의 경계, 그리고 한반도와 베트남을 각각 남북으로 갈라 놓은 선이 바로 그것이다.

소련 역시 이 경계선 안으로 자유주의 물결이 넘어오지 못하도록 차단했다. 미국을 중심으로 한 자유주의 진영과 소련을 중심으로 한 공산주의 진영 간의 냉전 시대가 시작된 것이다. 이 냉전은 언제든 다시 세계대전이 터질지 모른다는 긴장감을 조성했다. 하지만 한국전쟁(1950~1953)과 베트남전쟁(1960~1975) 같은 경계선 지역의 국지전 외에 세계대전은 일어나지 않았다.

1989년 냉전 종식을 선언하기까지 냉전의 분위기는 차차 누그러졌지만, 초기에는 그 긴장감이 어마어마했다. 그야말로 소리 없는 전쟁을 치르는 격이었다. 미국에서 이 긴장감은 반대 진영에 대한 공격보다 미국 내의 '간첩'을 색출하는 방식으로 터져 나왔다.

1950년 상원 의원 조지프 매카시는 "사회 곳곳에 공산당원이 잠입해 있다. 국무부에 200명 이상이 숨어 있고, 학계와 예술계에 숨어 있는 공산당원은 이루 말할 수 없이 많다"라고 폭탄 선언을 했다. 하필 한국전쟁이 한창일 때라 그의 주장은 미국을 순식간에 공포와 광기에 사로잡히게 했다.

결국 하원의 상임위원회인 비미非美활동위원회가 총대를 잡고 조금이라도 의심스러운 인물은 무조건 불러다 '사상 검증'을 하기 시작했다. 평등한 권리를 부르짖던 노동운동가와 사회활동가들이 줄줄이 끌려가 곤욕을 치렀고, 할리우드의 배우와 작가를 비롯한 수많은 예술가들이 활동에 제한을 받았다. 사소한 글 한 줄, 10년 전의 발언, 대학 시절의 동아리 활동까지 검증 대상이 되었고, 평범한 교사를 비롯해 공직자들이 수백 명이나 해고당했다. 공산주의와 아무 관계 없는 사람이 단지 항의의 뜻으로 진술을 거부하다가 공산주의자로 몰리기도 했다.

《세일즈맨의 죽음》을 쓴 희곡 작가 아서 밀러, 영화 〈모던 타임스〉를 연출한 찰리 채플린, '원자폭탄의 아버지'로 유명한 물리학자 로버트 오펜하이머 등 전설적인 인물들의 명성도 이 광기 앞에서는 아무 소용이 없었다. 이런 어이없는 광풍이 1950년에서 1954년까지 4년간이나 이어졌다. 이 공산주의의 광풍을 조지프 매카시의 이름을 따서 '매카시즘'이라고 부른다.

우스운 사실은 4년 동안 수많은 사람들을 쫓아내고 사회적으로 매장시켰지만, 매카시가 주장한 공산주의 세력은 결국 나타나지 않았다는 것이다. 매카시가 어마어마한 명단이 들어 있다며 큰소리치던 가방에는 다만 버번 위스키 한 병이 들어 있을 뿐이었다.

사람들은 매카시에게 속았다며 울분을 터뜨렸다. 저런 사기꾼의 선동에 넘어갈 정도로 자신들이 냉전적 사고방식에 병들어 있었다며 자책했다. 밀러는 이 매카시즘을 수백 년 전의 '마녀사냥'에 빗대어 〈시련〉이라는 희곡 작품을 쓰기도 했다.

오늘날 미국은 언론과 사상의 자유를 거의 무제한으로 보장한다. 심지어 공산당을 창당해 활동하는 것도 자유롭다. 현재 미국공산당CPUSA 대표 존 박텔은 발언과 활동에 어떤 제약도 받지 않으며, 한국에 있는 우리도 원하면 이메일로 얼마든지 그와 연락할 수 있다. 매카시즘의 광기에서 얻은 교훈 덕분이다.

흑인 민권운동의
물결

공산주의의 광풍이 몰아치긴 했지만 2차 세계대전을 치른 미국은 풍요와 번영의 나날을 보내고 있었다. 1차 세계대전 직후 맞이한 1920년대와 비슷한 분위기였다. 더구나 2차 세계대전은 그 기간이나 파괴력이 훨씬 더 컸다. 그래서 1953년에서 1960년까지를 재건의 시기라고 부른다.

당시 대통령 드와이트 아이젠하워는 보수주의자였지만 노동자들의 권익을 향상시키고, 최저 임금을 올리고, 사회보장 제도를 강화하고, 공교육 기회를 확대하는 등 진보적인 국내 정책을 펼쳤다. 따지고 보면 이 정책은 보수주의에서 비롯된 것이다. 빈곤과 불만이 있는 곳에서 공산주의가 싹트기 때문에 그 싹을 제거하려고 미리 수를 쓴 셈이었다. 그 연장선상에서 국제적인 정책도 펼쳤다. 가난한 나라, 특히 우리나라처럼 냉전의 경계에 선 나라에 많은 경제 원조를 했다. 그냥 내버려 두면 공산주의 세력에 휩쓸릴 수 있기 때문이었다. 역설적이게도 공산주의가 미국 보수주의 정치인들을 진보적인 활동으로 끌어당긴 것이다.

아이젠하워는 인종차별 문제에도 적극적으로 나섰다. 그때는 학교나 식당 등 온갖 시설이 흑인 전용과 백인 전용으로 구분돼 있었다. 이 벽을 깨부수기 위해 백인들이 다니는 공립학교에 흑인을 입학시킨 일이 있었다(1957). 백인 학부모들이 들고일어나자 아이젠하워는 군대를 투입해 흑인 학생들이 안전하게 등교할 수 있도록 조치했다. 이 역시 미국 내 불만 세력을 잠재우기 위한 것이었고, 인종차별에 내몰린 소수자들이 공산주의나 무정부주의에 휩쓸릴 가능성을 방지한 조치였다.

이즈음 사회 곳곳에서는 인종차별에 항거한 움직임이 심심찮게 일고 있었다. 흑인들이 식당에서 백인 전용 좌석을 차지하고 앉아 일종의 보이콧 운동을 벌이기도 했다. 훗날 민권운동가로 활약한 흑인 여성 로자 파크스는 버스에서 좌석을 양보하라는 백인의 요구를 거부했다가 현장에서 체포되어 무거운 벌금형에 처해졌다(1955). 이 사건을 계기로 흑인들이 단합해 버스 불매운동을 벌이기도 했다.

이러한 분위기 속에 흑인과 여성을 주도로 한 민권운동의 물결이 점차 확대되었다. 1960년대 들어 민권운동은 더 이상 흑인의 문제가 아니라 미국의 문제였다. 아이젠하워 정부 시대에 청소년기를 보낸 미국 청년들은 완고한 인종차별적 편견과 냉전적 사고방식에 젖은 부모를 이해하지 못했다. 1960년대 들어 백인 중산층 젊은이들이 민권운동에 합류하기 시작했고, 각 대학마다 이를 주도하는 운동 단체까지 생겨났다.

곳곳에서 벌어지던 인종차별 반대 시위는 1963년 8월 28일의 '워싱턴 대행진'에서 절정을 이루었다. 미국 전역에서 인종에 상관없이 많은 사람들이 몰려들어 그때껏 있었던 미국의 시위 중 가장 큰 규모를 이루었다. 이때 민권운동의 상징인 마틴 루서 킹 목사가 링컨기념관 앞에서 〈나에게는 꿈이 있습니다〉라는 연설을 했다. 그의 연설을 듣기 위해 링컨기념관 앞에 몰려든 시민들의 물결이 끝이 보이지 않을 정도였다.

오늘날 그 연설은 링컨기념관 주인의 〈게티즈버그 연설〉(국민의, 국민에 의한, 국민을 위한 정치를 주장한 링컨의 연설)과 더불어 미국인들이 반드시 외워야 하는 문장이 되었다.

> 나에게는 꿈이 있습니다. 조지아주의 붉은 언덕에서 노예의 후손들과 노예 주인의 후손들이 형제처럼 손을 맞잡고 나란히 앉게 되는 꿈입니다.
> 나에게는 꿈이 있습니다. 이글거리는 불의와 억압이 존재하는 미시시피주가 자유와 정의의 오아시스가 되는 꿈입니다.
> 나에게는 꿈이 있습니다. 내 아이들이 피부색이 아니라 인격을 기준으로 사람을 평가하는 나라에서 살게 되는 꿈입니다. 지금 나에게는 그 꿈이 있습니다!
> 나에게는 꿈이 있습니다. 지금 지독한 인종차별주의자들과 주지사가 간섭이니 무효니 하는 말을 떠벌리고 있는 앨라배마주에서, 흑인 어린이들이 백인 어린이들과 형제자매처럼 손을 마주 잡을 수 있는 날이 올 것이라는 꿈입니다.
> 〈나에게는 꿈이 있습니다〉 중에서

마틴 루서 킹의 연설을 듣기 위해 링컨기념관 앞에 모여든 시민들

연설 중인 마틴 루서 킹

이 민권운동을 계기로 1964년 시민권 개정안이, 1965년 투표권 개정안이 의회에서 통과되어 흑인에 대한 각종 차별을 법으로 금지했다. 적어도 공식적, 제도적으로는 흑인 차별이 철폐되었다. 하지만 비공식적이고 교묘한 차별은 여전했기에 마틴 루서 킹의 운동은 계속되었다. 이 운동은 단지 흑인 민권운동의 차원을 넘어 모든 불평등과 차별에 대한 저항의 의미를 얻어 노동운동, 여성운동, 반전 평화운동과 결합하게 되었다.

반전의 목소리에 묻혀 버린
'위대한 사회'

시민권 개정안이 나온 1964년부터 약 10년간 미국의 자유주의는 절정을 이루었다. 훗날 빌 클린턴 대통령(1993~2000 재임)은 이 시기를 회상하며 "민주당원에게는 좋은 일만, 공화당원에게는 나쁜 일만 가득했던 시대"라고 표현했다.

이 시대를 상징하는 인물은 린든 존슨 대통령이다. 유권자 투표에서 무려 64.9퍼센트의 지지율을 얻고 486표의 선거인단 득표수로 당선한 그는 민주당의 지지 기반을 완전히 바꾸어 놓았다. 그때까지 민주당은 가난한 백인들을 지지 기반으로 한 정당이었다. 남북전쟁 이래 가난한 백인이란 곧 남부 출신이고, 남부는 인종차별이 심한 곳이었다. 민주당 소속의 우드로 윌슨, 프랭클린 루스벨트 등이 노동자들에게는 우호적

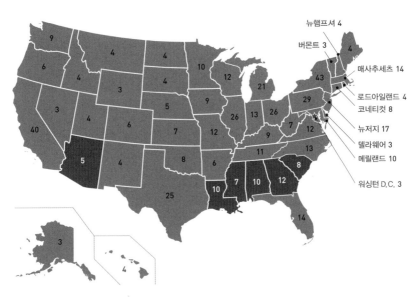

● 린든 존슨(민주당)
● 배리 골드워터(공화당)

뉴햄프셔 4
버몬트 3
매사추세츠 14
로드아일랜드 4
코네티컷 8
뉴저지 17
델라웨어 3
메릴랜드 10
워싱턴 D.C. 3

9
6
4
3
40
5
4
4
4
4
10
12
21
43
29
26
13
26
9
7
12
11
9
7
12
13
5
6
7
12
6
8
8
10
7
10
12
14
25
3
4

1964년 대통령 선거(선거인단 투표) 결과 존슨이 486표, 골드워터가 52표를 얻었다

이면서 인종차별 문제에는 완강한 태도를 취했던 것은 바로 가난한 백인들의 지지를 얻기 위한 것이었다.

존슨은 빈곤 문제와 인종차별 문제를 함께 해결해야 한다고 보았다. 가난한 백인 노동 계층이 문제가 아니라 미국 전체의 빈곤을 문제 삼은 것이다. 그리하여 '위대한 사회'라는 야심찬 이름의 정책을 실시해 나갔다. 시민권 및 투표권 개정안을 마련했고, 주택 개량 같은 환경 개선 사업을 실시했으며, 학교와 지역사회 발전, 빈민 구조를 위해 여러 복지 정책을 시행했다. 미국에서 오늘날까지 시행되고 있는 복지 정책의 대부분이 이 시기에 만든 것이다.

그런데 이러한 정책은 오랫동안 이어진 베트남전쟁 때문에 빛을 발하지 못했다. 베트남전쟁 개입에 대한 불만이 커지면서 위대한 사회 정책에 대한 지지는 상대적으로 약해진 것이다. 미국의 베트남전쟁 개입은 공산주의에 맞서 자유세계를 지키기 위한 목적으로 알려져 처음에는 국민들의 지지가 높았다. 그러나 전쟁이 진행될수록 지킬 만한 가치도 없는 정부를 위해 남의 나라 내전에 가담한 꼴이 되어 버렸다(자세한 내용은《반전이 있는 베트남사》참조).

더구나 2차 세계대전이나 한국전쟁 때와 달리 베트남전쟁 시기에는 집집마다 텔레비전이 있었다. 미군의 잔학한 행위 등 전쟁의 참상이 온 국민에게 적나라하게 알려졌다. 충격을 받은 젊은이들 사이에 반전운동이 일기 시작했다. 1960년대의 젊은 세대들은 특히 부조리한 세계에 대한 저항 의식이 강했다. 그들은 미국의 부조리를 '인종차별'과 '명분 없는 전쟁'이라고 보았다. 민권운동, 인권운동이 자연스럽게 반전운동과 결합

1960년대 저항의 노래를 부른 밥 딜런

하면서 1960년대는 프로테스트 즉 '저항의 시대'가 되었다. 1960년대를 상징하는 인물 중 하나인 가수 밥 딜런은 각종 저항 가요와 반전 가요를 만들었다. 베트남전쟁이 끝난 후 이 저항은 여성의 권리 신장을 위한 페미니즘 운동으로 이어졌다.

베트남전쟁을 계기로 미국인들은 전쟁파와 반대파로 나뉘었다. 심지어 참전을 결정한 존슨 대통령의 소속 당 민주당에서조차 반전 여론이 들끓었다. 로버트 케네디를 비롯한 민주당 중진들이 잇따라 반전을 공약으로 내걸며 대통령 선거에 도전장을 내밀었고, 존슨 대통령은 현직 대통령으로서는 보기 드물게 재선 불출마를 결정했다.

그런데 선거일을 얼마 남겨 놓지 않고 민주당의 가장 강력한 후보인 로버트 케네디가 암살당하고 말았다. 그의 형인 존 F. 케네디가 암살당한 (1963) 지 5년 만에 동생도 똑같은 참변을 당한 것이다. 민주당이 중심을 잃고 우왕좌왕하는 사이 공화당에서는 리처드 닉슨이 서민들에게 쉽게 다가가는 이미지를 내세워 큰 격차로 당선했다.

닉슨 대통령은 여러 모로 이채로운 인물이다. 비록 보수파의 지지로 당선했지만, 출신이나 정책을 보면 민주당 중에서도 급진파를 연상시킨다. 린든 존슨의 각종 복지 정책을 그대로 계승하거나 오히려 강화한 데다 필요한 재원 마련을 위해 고소득층에 높은 세금을 부과했다. 외교적으로는 공산국가인 중국과 수교하고, 소련과의 관계도 완화하는 등 냉전을 끝내고 데탕트 즉 '화해의 시대'를 열었다. 베트남전쟁에 대해서는 그 나라의 문제라고 하면서 손을 뗐다. 이로써 1971년 베트남에서 미군 전투부대가 철수했고, 1973년에는 북베트남과 평화회담을 선언했다.

리처드 닉슨 대통령의
불명예스러운 사퇴

오늘날 리처드 닉슨 대통령에 대한 평가는 그리 좋지 않다. 앞에서 언급한 내용만 놓고 보면 의아할 정도다. 평등과 평화를 위해 노력한 인물 아닌가? 하지만 그 끝이 나빴고, 결국 닉슨 대통령은 냉전을 끝낸 데탕트가 아니라 미국 역사상 최악의 정치 사건인 '워터게이트'로, 그리고 '탄핵당한 대통령'으로 기억되고 말았다.

사건의 전말은 1972년으로 거슬러 올라간다. 첫 번째 임기를 성공적으로 마친 닉슨은 재선에 도전했다. 상대 후보는 민주당의 조지 맥거번으로 상대가 되지 않았다. 닉슨이 보수적인 공화당 소속이면서 진보적인 정책을 선점하고 있다 보니 맥거번은 딱히 내놓을 카드가 없었다.

그런데 선거를 앞두고 놀라운 뉴스가 전해졌다. 민주당 선거운동본부가 있는 워터게이트 빌딩에서 도청 장치가 발견되었는데, 이는 분명 닉슨 측의 누군가가 민주당의 선거운동 전략을 알아내기 위해 설치한 거라는 소식이었다. 연방 수사국FBI은 즉시 이 사건을 수사하기 시작했다.

하지만 확실치도 않은 소식이라 닉슨의 지지율은 흔들리지 않았고, 선거는 닉슨의 압도적인 승리로 끝났다. 유권자 득표율은 61퍼센트로 린든 존슨의 기록에 살짝 못 미쳤지만, 선거인단 득표수로는 사상 최대(520표)였다. 민주당이 역대급 승리를 거둔 1964년으로부터 단 8년 만에 공화당이 역대급 승리를 거둔 것이다. 주별 선거인단 득표수를 표시한 220쪽의 지도를 보면 마치 공산국가에서 공산당 후보가 승리한 것 같다.

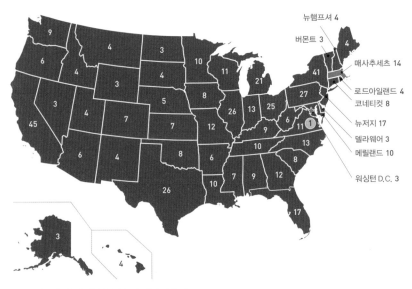

- ● 리처드 닉슨 (공화당)
- ● 조지 맥거번 (민주당)
- ● 존 호스퍼스 (자유당)

뉴햄프셔 4
버몬트 3
매사추세츠 14
로드아일랜드 4
코네티컷 8
뉴저지 17
델라웨어 3
메릴랜드 10
워싱턴 D.C. 3

9

6

4

3

5

3

45

4

7

6

4

8

26

4

3

10

11

21

8

12

26

13

9

10

8

7

9

10

25

6

11

27

41

4

1

13

8

12

17

3

4

1972년 대통령 선거(선거인단 투표) 결과 닉슨이 520표,
맥거번이 17표, 호스퍼스가 1표를 얻었다

그런데 재임 직후 〈뉴욕 타임스〉, 〈워싱턴 포스트〉 등 주요 언론에서 다시 도청 장치 관련 사건을 거론하기 시작했다. 그래도 닉슨이 워낙 큰 격차로 득표했기 때문에 그 일이 당선자를 갈아치울 정도로 문제가 커질 거라고는 아무도 생각하지 못했다. 그저 닉슨 선거 캠프에서 몇몇 참모가 체포되는 정도로 그치리라 여겼다.

문제는 그다음부터였다. 닉슨은 이 수사에 떳떳이 임하는 대신 비서실장과 공모해 FBI 수사에 대한 방해 공작을 모의했다. 이 방해 공작에 '국가 안보상 필요'를 내세워 중앙정보부CIA를 이용할 계획까지 세웠다. 그 계획이란 FBI에 증인으로 불려 갈 가능성이 큰 사람들을 상대로 중앙정보부를 시켜 뒷조사하는 것이었다. 물론 뒷조사에 그치는 게 아니었다. 협박하거나 가택에 침입해 핵심 증거를 탈취하는 게 목적이었다.

이러한 모의 내용이 녹음된 테이프의 존재가 알려지면서 닉슨 대통령은 탄핵 위기에 몰렸다. 국회는 특별검사를 임명해 이 사건을 수사했다. 아치볼드 콕스 특별검사는 닉슨에게 소환장을 발부하고 녹음 테이프를 증거물로 제출하라고 요구했다. 그러니까 닉슨은 민주당 선거운동본부 도청 사건이 아니라 그 사건 수사에 개입하고 방해했다는 이유로 소환장을 발부받은 것이다.

그런데 닉슨은 끝까지 졸렬한 행동을 했다. 대통령 특권을 내세워 테이프 제출을 거부하고, 법무장관(검찰총장)을 통해 자신에게 발부된 소환장을 취소하라는 명령을 내렸다. 콕스 특별검사가 소환장 취소를 거부하자 닉슨은 법무장관에게 특별검사 해임을 명령했다. 법무장관은 그 명령을 거부하고 사임해 버렸다. 뒤이어 법무차관까지 똑같이 사임해 버리자 닉슨은 법무차관보를 임시 법무장관으로 삼아 기어코 콕스 특별검사를 해임했다. 이러한 닉슨에게 국민들은 마침내 등을 돌리고 말았다. 기자들이 몰려오자 닉슨은 이렇게 말했다. "나는 사기꾼이 아닙니다."

결과적으로 닉슨은 테이프를 제출했는데, 그나마 후반 18분 30초 분량의 대화를 누락시킨 것이었다. 연방 하원은 닉슨 대통령에 대한 탄핵안을 가결했다. 이제 닉슨의 운명은 상원의 최종 판결에 달려 있었다. 이변이 없는 한 상원에서 탄핵안 최종 가결이 예상되었다.

닉슨은 자신이 역대 최초로 탄핵된 대통령이라는 오명을 안게 될까봐 두려웠다. 탄핵뿐만 아니라 각종 사법 방해 혐의로 10년 이상의 징역까지 구형될 상황이었다. 결국 닉슨은 자신의 범죄 행위에 대한 사면을 약속받은 뒤 1974년 8월 사퇴했다.

바로 이것이 '워터게이트 사건'의 전말이다. 이 사건에 대해 '경쟁 후보 선거사무소에 대한 도청 사건'으로만 알고 있는 사람도 많다. 물론 그 내용도 사실이다. 하지만 닉슨을 사실상 탄핵으로 내몬 것은 부정 선거 운동이 아니라 그 후의 수사 방해 행위와 계속된 거짓 증언이었다. 닉슨 이후 두 번째로 탄핵소추된 빌 클린턴 대통령의 사유 역시 '성추문'이 아니라 이를 조사하는 과정에서 한 '거짓말'이었다.

어릴 적 아버지 앞에서 "제가 벚나무를 잘랐어요"라고 자백했다는 초대 대통령 조지 워싱턴의 영향 때문일까? 예나 지금이나 미국 대통령에게 가장 치명적인 잘못은 '거짓말'이라는 사회적 합의가 있는 모양이다.

어릴 적 조지 워싱턴이 자신이 손도끼로 벚나무를 죽게 했다고
자백했다는 유명한 일화의 한 장면(그랜트 우드 그림)

전통적 가치와
기독교 교리를 중시하는 신보수주의

1970년대는 암울한 시기였다. 1973, 1978년에 엄습한 두 차례의 석유 파동으로 경제가 어려워졌다. 린든 존슨과 리처드 닉슨 대통령이 만들어 놓은 각종 사회복지 제도와 친노동자 정책은 기업과 부유층에게 눈엣가시로 다가왔다. 그런 정책들은 세금을 늘리기 마련이며, 그 세금은 기업과 부유층에게 집중되기 때문이었다.

풍요로운 시절에는 그런 부담도 받아들일 수 있었다. 고조된 냉전 분위기에서 빈곤을 방치하면 공산주의가 확대된다는 공포도 그 정도는 양보할 수 있게 했다. 그러나 냉전이 막을 내리고 화해의 시대가 되었다. 소련은 이제 노골적으로 공산주의를 확산하는 정책을 펴지 않았다.

기업과 부유층은 세금이 집중되는 걸 더 이상 받아들이지 않았다. 스스로 삶을 개척할 자유를 누리는 게 미국의 전통적 가치인데, 스스로 그 자유를 포기한 자들을 위해 왜 우리가 세금을 내야 하느냐고 반발했다. 만약 부유층이 빈민을 도와야 한다면 이 역시 자율적인 기부에 맡길 일이지, 국가가 재산권을 침해하면서 개입할 일이 아니라는 것이었다.

보수적인 기독교인들도 불만을 토로했다. 이들은 다양성을 널리 허용하는 1960년대의 진보적인 가치들이 전통적인 기독교 교리를 부정하고 교회의 영향력을 축소시킬 것을 두려워했다.

이러한 미국의 전통적 자유주의와 기독교 교리를 보수하려는 경향이 결합해 네오콘neocon 즉 '신보수주의'의 흐름이 생겨났다(유럽이나 우리나

석유 파동 시기 주유소 앞에 몰려든 차들

라에서는 신보수주의 대신 '신자유주의'라고 한다. 미국에서 자유주의는 시장자유주의가 아니라 좌파라는 의미다).

이들이 주장하는 미국적 전통과 가치란 경제는 철저히 시장의 자율 조정에 맡기고, 사람들의 생활은 근엄한 기독교 윤리에 따르며, 연방 정부는 시장과 가치 영역에 개입할 수 없다는 것이었다. 이는 곧 가정과 지역사회가 정치의 중심이 되어야 한다는 말이다. 그럼 이들이 주장하는 연방 정부의 역할은 무엇일까? 대외적으로 공산주의나 이슬람 국가들의 잠재적인 위협을 막아 내는 것이다. 정리하자면, 자유방임의 시장 경제, 기독교적 가치, 그리고 신냉전주의의 대외 정책이 바로 신보수주의의 이념이다.

뜻밖에도 이러한 신보수주의는 부유층뿐 아니라 중산층 이하 계층에서도 열광하는 사람들이 많았다. 특히 중남부의 중하층 백인들이 열광했다. 이들은 자신들 몫이 유색 인종과 게으르고 능력 없는 빈민들에게 복지라는 명목으로 돌아가고 있다며 억울해했다. 또한 '강력한 나라 미국'의 국민이라는 데 자부심을 느끼고 있었는데, 민주당과 자유주의자들의 다원주의, 평화주의 때문에 미국의 위상이 흔들리고 있다고 비판했다.

이러한 불만을 정치적으로 끌어모은 사람이 1981년 취임한 로널드 레이건 대통령이며, 문화적으로 상징하는 캐릭터가 바로 영화 주인공인 '람보'다. 레이건은 분노한 백인 중하층의 표를 모았으며, 람보는 이들의 관람료를 모았다.

람보는 아프가니스탄전쟁에 뛰어들어 공산주의 소련군과 맞서 강력한 무력을 자랑하고(《람보》 3탄), 포로를 구출한다는 명목으로 베트남에 뛰

〈람보〉 1탄 영화 포스터

어들면서 이미 다 끝난 전쟁에 대해 아쉬워한다(《람보》 2탄). 물론 이 과정에서 소련군 장교와 치열한 대결을 벌여 승리를 거둔다. 미국인들은 이 영화를 보며 경쟁국 소련군과, 미국에 치욕을 안겨 주었던 베트남군을 학살하는 람보를 통해 대리만족을 느꼈다.

문제는 신보수주의가 이를 현실 정치에까지 끌어들였다는 점이다. 1981년 레이건 대통령이 등장한 이후 미국의 대외 정책은 다시 강경해졌고, 무력으로 문제를 해결하는 경향도 늘어났다. 결국 신보수주의는 미국을 또다시 전쟁의 수렁으로 몰아넣었다. 레이건의 후계자인 조지 부시 부자가 집권할 당시 일어난 걸프전쟁과 아프가니스탄전쟁이 그것이다.

IT 혁명으로
경제의 세계화를 이끌다

1980년대의 미국은 세계 강국의 자리에서 물러날 거라는 전망이 많았다. 유럽이 하나의 공동체로 뭉치기 시작했고, 일본과 아시아의 네 마리 용이 급성장하면서 미국의 경제와 산업은 더 이상 압도적이지 않았다. '람보주의'라는 비아냥을 듣기도 하는 신보수주의도 쇠약해진 제국이 단지 무력을 휘둘러 힘을 과시하려는 시도로만 비쳤다.

1980년대 후반에는 일본의 경제력이 미국을 압도할 지경이었다. 229쪽에 있는 〈매일경제〉 지면을 보자. 1988년의 세계 50대 기업 중 16

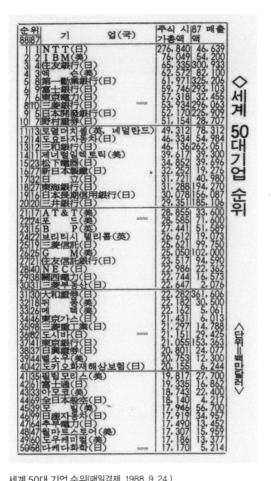

세계 50대 기업 순위(매일경제, 1988. 9. 24.)

개의 일본 기업이 20위 안에 들었다. 이 사실을 차마 받아들이기 힘들어했던 미국에서는 '노란색 재앙Yellow Peril'이라는 말이 유행했다. 유럽의 시대가 미국으로 넘어갔듯이 이제 미국의 시대가 아시아로 넘어간다는 말이 당연한 것처럼 여겨졌다.

그러나 1990년대 들어 상황은 완전히 바뀌었다. 미국 경제의 위상은 이전보다 오히려 더 튼튼해졌다. 1980년대 말까지 욱일승천하던 일본 기업들은 거품 경제가 걷히며 반 토막 이하로 가치가 줄어들었다. 미국 경제의 압도적인 위상은 현재까지도 굳건하기만 하다. 2020년 현재 시가총액 기준 세계 10대 기업이 모두 미국 기업이다.

그사이 미국에 대체 어떤 일이 있었던 것일까? 바로 정보통신IT 혁명이다. 이 혁명에서 압도적인 선두를 달린 미국은 지배적인 위치를 되찾은 반면, 일본은 정보통신 기술에 적응하지 못하고 전통적인 제조업에 의존하다가 순식간에 몰락한 것이다. 2020년 미국 경제전문지 〈포천〉이 발표한 세계 10대 기업 가운데 상위 5개 기업이 모두 정보통신 기업으로 마이크로소프트, 애플, 아마존, 알파벳(구글), 페이스북이다. 정보통신 기술과 결합한 금융산업 역시 빠르게 발전했다. 두 분야가 현재 미국 경제의 압도적인 힘을 지탱하고 있다.

다만 이들 기업의 가치는 단지 돈으로 환산한 숫자에 따른 것이다. 정보통신과 금융산업은 모두 수익에 비해 고용창출 효과가 낮은 분야다. 미국 경제는 빠르게 성장했지만, 그 과실은 일부에게 독점되어 빈부 격차가 점점 커지고 있다. 경제성장률은 한창때인 1960, 1970년대를 방불케 하지만, 노동자와 서민들의 삶은 오히려 더 어려워졌다.

정보통신과 금융 분야의 수익성이 높아지면서 기존 제조업에 투자하던 자본도 계속해서 이쪽으로 옮겨 오고 있다. 제조업 종사자들이 대대적으로 일자리를 잃어 가고 있지만, 재취업 자리는 점점 더 줄어들고 있다. 더구나 제조업의 생산 기지가 저렴한 노동력을 찾아 중국, 멕시코, 동남아시아로 넘어가면서 미국은 그 어느 때보다 세계 경제에 대한 의존도가 높아졌다. 한때 고립주의라는 전통적 가치를 중시했던 미국이 이제는 경제의 세계화를 이끌고 있는 것이다.

극단적인
두 대통령

21세기 들어 미국인들은 극과 극의 두 대통령을 당선시키는 엉뚱한 선택을 했다. 도저히 같은 나라의 대통령이라고 보기 어려울 만큼 극적으로 대비되는 두 대통령은 바로 버락 오바마와 도널드 트럼프다.

2009년부터 2017년 1월까지 재임한 버락 오바마는 그 시기 미국 진보 가치의 상징이라 할 수 있다. 그는 공공의료 강화 정책과 보편적 복지 제도 등을 도입했으며, 무엇보다 흑인인 그 자신이 대통령이 됨으로써 인종 간 평등이라는 가치를 몸소 구현해 냈다. 또한 미국이 무력과 전쟁을 통해 다른 나라들에 군림하는 것이 아니라 자유와 인권이라는 가치를 통해 세계의 존경을 받아야 한다고 역설하면서 신보수주의가 주장하는

'강한 미국'론을 비판했다.

그런 오바마의 노력이 무색하게도 미국에는 진보도 신보수주의도 아닌 엉뚱한 흐름이 생겨나 사람들을 혼란스럽게 하고 있다. 신보수주의가 미국 전통사회의 흔적을 간직한 중남부 지역을 기반으로 한 것과 달리 이 엉뚱한 흐름은 진보의 텃밭이나 다름없었던 오대호 일대 공업지역, 즉 '러스트 벨트'를 중심으로 생겨났다.

제조업 중심의 이 러스트 벨트는 정보통신과 금융 산업 중심의 경제에 적응하지 못한 백인 중산층이 대다수를 이루고 있다. 바로 이들이 신보수주의의 지지자이자 도널드 트럼프의 지지자들이다. 트럼프는 중국, 멕시코 등 다른 나라로 빠져나간 제조업 공장을 미국으로 되돌려서 일자리를 살리는 한편, 외국에서 들어오는 노동 이주민들을 차단해야 한다며 이 백인 중산층의 호응을 얻었다. 그들은 원래 전통적으로 민주당을 지지했던 세력이다. 트럼프는 기존 공화당 지지자들에 민주당 지지자들의 표까지 끌어모아 대통령에 당선했다. 2016년 11월 민주당의 힐러리 클린턴과 대결한 결과다.

사실 트럼프는 신보수주의자들이 좋아할 만한 인물이 전혀 아니었다. 신보수주의자들은 진보 성향의 여성이 대통령이 되는 것을 받아들이지 못해 트럼프에게 표를 던진 것이다. 현명한 여성보다는, 품격은 좀 떨어지더라도 남성이 나라를 다스려야 한다는 뿌리 깊은 여성혐오를 버리지 못한 것이다.

대통령이 된 트럼프는 미국의 질서를 대혼란으로 몰아넣었다. 이는 충분히 예견된 일이었다. 그는 뚜렷한 정치적 철학도 없이 선거기간 동안 단지 '강한 미국'이라는 구호와 요란한 쇼맨십, 남성성을 강조한 온갖 상징을 내세웠을 뿐이다. 이에 더해 소수자와 외국인 혐오 감정을 조장해 표를 모은 것이다.

트럼프의 당선은 진보, 보수를 떠나 미국에 만연한 반지성주의를 증명해 보인 하나의 사건이라 할 만하다. 사실 맹목적인 애국심이나 혐오 감정을 동원해 권력을 잡는 현상은 유럽에서 먼저 일어나고 있었다. 그러나 유럽과 미국은 다르다. 폴란드, 헝가리, 프랑스, 이탈리아 등의 반지성주의는 그 나라를 혼돈에 빠뜨릴 뿐이지만, 미국의 반지성주의는 세계를 혼돈에 빠뜨릴 수 있기 때문이다.

그동안 미국은 절대왕정, 전체주의, 공산주의와 차례로 싸워 이김으로써 세계 질서를 지키는 역할을 해 왔다. 미국은 이제 반지성주의라는 민주주의의 새로운 적과 마주했다. 싸워서 이길 것인지, 끝내 굴복해 세계를 혼돈에 빠뜨리며 스스로 몰락의 길을 갈 것인지 그 갈림길에 서 있다(다행히 2020년 대선에서 바이든이 미국의 새 대통령으로 선출되었다. 그러나 바이든의 지지율은 재선을 장담하기 어려운 상황이고, 트럼프가 2024년에 재출마한다고 공헌하는 등 여전히 불안한 상황이다).

미국에서

조심해야 할 것들 3

● 미국인은 애국자

흔히 동아시아는 집단주의 문화가, 미국은 개인주의 문화가 발달해 있다고 생각한다. 그래서 미국 사람들은 국가에 대한 애착이 우리보다 약할 것이라고 생각하기 쉽지만, 결코 그렇지 않다. 미국인의 애국심은 유럽 나라 사람들에 비해 훨씬 높다. 여러 민족과 인종이 짧은 기간에 모여서 하나의 나라를 이루려면 '애국심'이라는 접착제가 꼭 필요한 법이다.

물론 미국인들은 기본적으로 개인이나 가족 또는 지역사회에 정부가 간섭하는 것을 싫어한다. 하지만 일단 전쟁이나 테러같이 미국 전체에 해당하는 문제가 발생하면 놀라운 단결력과 애국심을 보여 준다.

미국인을 상대로 미국 대통령이나 정부를 비판하는 것은 괜찮다. 물론 정치 성향이 서로 다른 경우 반박하며 논쟁하려 들 수는 있지만, 그들은 이를 다만 견해의 차이로 여길 뿐이다. 하지만 만약 정부나 대통령이 아니라 미국 그 자체를 비난하거나 비판한다면 상당한 대가를 치를 수 있다. 우리는 나라와 정부를 거의 하나의 개념으로 받아들이는 경우가 많은데, 미국인들에게 미국과 연방 정부는 전혀 다른 개념이다.

그러니 아무리 살기 어려워도 미국인들은 우리나라처럼 '헬조선' 같은 말을 절대 입에 올리지 않는다. "이래서 한국 사람은 안 된다니까!"와 같은 말도 하지 않는다. 미국은 언제나 위대한 나라이며, 다만 정부나 정치인이 잘못하고 있을 뿐이라고 미국인들은 생각한다. 또는 도널드 트럼프의 선동처럼 "외국인들이 미국을 해롭게" 하고 있다고 여긴다. 그러고 보니 트럼프의 선거 슬로건도 "미국을 다시 위대하게"였다.

● 요점을 빨리 말하자

미국인들은 대체로 합리적이며 실용적인 것을 좋아한다. 어떤 일을 제안하면 대뜸 "그래서 내가 뭘 얻는데?"라는 말을 거침없이 한다. 취업 면접 때도 "연봉은 10만 달러 이하로는 안 되겠습니다"라고 말해도 무례하다고 여기지 않는다. 괜히 미국인에게 예의 차린다고 완곡하게 돌려 말했다가는 '음흉한 사람'으로 오해받을 수 있다. 또한 미국인들은 아무리 다정한 사이라도 서로 간 계산이 철저하며, 그런 계산을 흉보지 않는다.

그러니 미국인과 어떤 이야기를 나눈다면 그 대화 목적에 맞는 주제로 바로 들어가는 것이 좋다. 빙 돌려 말한다거나 인사치레를 길게 늘어놓다간 상대가 말을 끊고 들어와 "그래서 네가 말하려는 게 이거야?"라고 물을 수도 있다. 미국인들은 그렇게 중간에 말을 끊는 경우가 많으며, 그것을 큰 실례라고 여기지 않는다. 대통령 후보들도 토론 중에 상대방 말을 가차없이 자르고 자기 주장을 늘어놓는다. 그래서인지 미국인과 가장 결이 안 맞는 사람으로 프랑스인을 꼽는다. 미국인들은 프랑스인들의 화려한 수사법과 각종 격식을 시간 낭비라고 여기고, 프랑스인들은 바로 본론으로 치고 들어오는 미국인들의 화법을 무례하고 공격적이라고 여긴다.

우리의 화법은 어떨까?

밝고도 어두운,

미국의
미래

미국의 미래는 어떤 모습일까? 지금처럼 여전히 세계 유일한 초강대국으로 남아 있을까? 스페인, 영국처럼 역사의 뒤안길로 쓸쓸히 물러날까? 둘 다 정답이다. 미국은 역사의 뒤안길로 물러날 가능성과 여전히 초강대국으로 남아 있을 가능성을 모두 안고 있다.

미국의 미래는
어둡다

세상에 완벽한 사람이 없듯이 완벽한 나라도 없다. 미국은 분명 세계 최강 대국이며, 미국의 압도적인 위상은 당분간 계속될 가능성이 크다. 그러나 미국의 미래를 어둡게 만드는 요인들 역시 분명하게 드러나고 있다.

　앞으로 미국은 국제사회에서 다른 나라들에 끼치는 영향력이 줄어들 것이다. 물론 미국이 중국에게 추월당하는 등의 일은 앞으로 50년 안에는 일어나지 않을 것이다. 하지만 지금처럼 지구상의 나머지 나라들이 힘을 다 합쳐야 겨우 상대될 정도의 압도적인 지위는 누리지 못하며, 다만 가장 센 나라 정도로 남을 가능성이 크다.

영향력이 줄어든다는 것은 그동안 고민하지 않아도 되었던 것을 고민해야 한다는 뜻이다. 국제관계에도 신경 써야 하고, 동맹국들도 관리해야 한다. 가장 큰 문제는 경제가 어려워질 때마다 부담 없이 찍어 내던 달러화 발권력의 위력이 점점 떨어진다는 것이다.

세계 경제에서 미국이 차지하는 위상도 축소되고 있다. 20세기 중반까지만 해도 지구상의 나라들을 미국과 나머지 나라들로 분류할 수 있었지만, 20세기 말에는 유럽연합의 출범으로 미국, 유럽, 일본으로 분류하게 되었고, 더 나아가 이제는 미국, 유럽, 일본, 중국, 신흥국 등으로 분류할 정도다. 이제 미국은 단독으로 생존할 수 없는 나라가 되었고, 앞으로 점점 더 세계 다른 나라들과 상호 의존적인 관계를 맺게 될 것이다.

문제는 미국이 절대적인 위치에 선 유일한 나라가 아니라 여러 나라 중 하나가 될 준비가 되어 있느냐는 것이다. 미국인들의 의식은 아직 그럴 준비가 되어 있지 않다. 그들은 여전히 '미국 예외주의'의 향수가 강하며, 다른 나라와 상호 의존적이지 않았던 시절을 미국이 위대했던 시절로 기억하고 있다. 아직도 "미국을 다시 위대하게" 만들자는 트럼프의 속빈 구호가 먹히고 있는 이유다.

지성적인 사람은 그런 구호의 어리석음을 훤히 알지만, 미국에는 어리석은 사람이 점점 더 늘어나고 있다. 반지성주의가 확산하고 있다는 뜻이다. 이것이 꼭 미국만의 문제는 아니지만 말이다.

일찍이 알렉시 드 토크빌은 《미국의 민주주의》에서 미국인의 지나친 평등주의를 지적한 바 있다. 평등을 지나치게 지향하다 보니 다수결의

함정에 빠질 수 있다는 것이다. 지금 미국에서 그 폐단이 점점 더 심해지고 있는데, 바로 반지성주의가 확대되고 있다는 증거다. 그러니 어리석은 사람, 배움이 부족한 사람이 현명한 사람, 학식이 많은 사람보다 다수일 수밖에 없다. 만약 이 어리석은 다수를 꼬드기거나 선동하는 정치인이 나올 경우 민주주의는 잘못된 길로 갈 수 있다.

이것이 공연한 걱정이 아니라 현실이라는 것을 미국은 트럼프가 대통령이 됨으로써 증명해 보였다. 미국은 세계 어느 나라보다 지식인이 많은 나라지만, 반대로 놀라울 정도로 교육 수준이나 상식이 부족한 사람도 많다. 극우 보수 개신교의 영향력이 갈수록 세지고 있으며, 전체 인구의 40퍼센트가 과학에 기반한 진화론을 신뢰하지 않고 창조설을 믿는다. 라틴계, 흑인, 아시아인에 대한 노골적인 인종차별과 혐오에 찬성하는 사람도 상당히 많다.

그동안 미국 정치인들은 그런 반지성적 다수를 자극하는 일이 없도록 노력해 왔다. 하지만 도널드 트럼프는 반지성주의를 거침없이 자극하고, 이를 정치적인 힘으로 끌어올렸다. 역사는 반지성주의가 정치적으로 동원될 경우 파시즘의 광풍이 일어난다는 사실을 여러 차례 증명해 보였다. 미국의 헌법은 지금 과거 어느 때보다 그 가치를 증명해야 할 위기에 처해 있다.

미국의 미래는
밝다

미국의 미래를 어둡게 만드는 면들이 다수 있는데도 당분간 미국의 패권은 도전받지 않을 가능성이 크다. 미국의 미래를 밝게 만드는 면들도 분명 있기 때문이다.

우선 미국의 성장 동력이 아직 식지 않았다. 미국은 아직도 성장 중인 나라다. 선진국들 중에서는 매우 이례적인 현상이다. 유럽, 일본 등 대부분의 선진국은 21세기 들어 사실상 성장이 멈추었다. 사람도 스무 살이 되면 성장을 멈추듯 경제 역시 선진국 수준이 되면 성장을 멈추거나 그 속도가 느려지게 마련이다.

그런데 미국은 여전히 성장하고 있다. 때로는 신흥국과 비슷한 수준의 성장 속도를 보인다. 무엇보다 인구, 특히 생산인구가 빠르게 늘어나고 있다. 더구나 앞으로도 계속 늘어날 가능성이 크다. 미국 통계국의 전망에 따르면 앞으로 50년 뒤 미국 인구는 25퍼센트 정도 늘어날 것이라고 한다. 반면 우리나라는 25퍼센트가 줄어들고, 중국 역시 15퍼센트 정도 줄어들 것이다.

미국은 인구만 늘어나는 것이 아니라 역동성도 계속 유지할 가능성이 크다. 미국은 경제 발전 수준이 최고도에 이른 다른 선진국에서 느껴지는 안정적이거나 가라앉은 느낌이 없다(안정성을 너무 오래 추구하다 보면 가라앉을 가능성이 크다). 미국의 분위기는 여전히 어지럽고 복잡하다. 우리나라나 일본처럼 전국이 골고루 잘 정돈된 사회 체계에 익숙한 사람들은 미국에서 적응하기가 쉽지 않다. 곳곳이 뭔가 엉성해 보이고 어지럽다. 2020년 현재 세계를 휩쓸고 있는 코로나19 바이러스 사태에 일사불란하게 대처하지 못하고 엄청난 팬더믹을 허용하고 만 모습이 동아시아의 질서정연한 대처와 비교되기도 한다.

하지만 그 혼란스러움이 오히려 장점이 되기도 한다. 미국은 다른 어떤 나라보다도 진취적인 혁신이 쉽게 그리고 많이 일어나는 나라다. 어지럽고 복잡하다 보니 삶을 변화시킬 가능성도 다양하고, 창의적인 발상이 나올 가능성도 크다. 더구나 미국은 세계 어느 나라보다 새롭고 혁신적인 발상의 가치를 높게 평가하는 문화와 제도를 가지고 있다. 애플이나 페이스북 같은 기업을 처음 설립할 때 스티브 잡스나 마크 저커버그는 아이디어 하나만으로 많은 투자를 받을 수 있었고, 그것만으로도 기업의 지분을 인정받았다.

앞으로의 성장 동력이 혁신에 있다는 것은 틀림없는 사실이다. 그런 면에서 당분간 미국의 성장 동력은 꺼지지 않을 것이다. 미국보다 혁신이 더 쉽게 많이 일어날 수 있는 나라도 없고, 혁신적 아이디어가 미국만큼 높은 평가를 받는 나라도 없기 때문이다. 설사 다른 나라에서 혁신적인 아이디어를 생각해 낸 사람이 있더라도 그는 기회만 주어진다면 미국에 가서 그 뜻을 펼치려 할 것이다.

미국의 미래를 밝게 만들어 주는 또 하나는 바로 자원이다. 오늘날까지 미국이 번영을 누릴 수 있는 것은 미국인들의 노력이나 능력보다 어쩌면 그들이 자리 잡고 있는 영토의 혜택이 더 클지도 모른다. 미국은 필요한 자원의 거의 대부분을 자급할 수 있다. 선진국 중 그런 나라는 미국밖에 없다. 식량, 철광, 석탄, 석유 등 그 어느 것도 모자라지 않는다. 인구가 3억이 넘지만 여전히 영토에 비해 적은 편이라 미개척지도 많이 남아 있다. 흔히 "땅을 판다고 돈이 나오냐?"라고 말하지만, 미국은 아직도 땅을 파면 돈이 나오는 넓은 영토를 보유하고 있다.

이런 점들을 살펴보면 미국의 번영기는 아직도 끝나지 않았다는 데 동의할 수밖에 없다. 앞으로 적어도 50년간은 미국한테 대들지 말라는 유언을 남긴 중국 지도자 덩샤오핑의 눈이 정확했던 셈이다.

미국에서

조심해야 할 것들 4

• 엄한 형벌

미국은 범죄자에게 관대한 나라가 아니다. 미국의 사법제도에서 형벌은 범죄자 교화 수단이라기보다 범죄에 대한 사회의 응징이라는 느낌이 강하다. 다만 이것도 정권에 따라 편차가 있어서 공화당이 집권하면 가혹하게 벌하는 혹형주의, 민주당이 집권하면 교화주의 쪽으로 기우는 편이 있다. 그래서 주에 따라 사형제도가 있기도 하고 없기도 하다. 하지만 어느 경우에나 우리나라에 비하면 형벌의 무게가 상당히 무겁다.

우리나라에서라면 상상도 못 할 엄청난 형량을 선고받을 수도 있다. 특히 마약 사범, 경제 사범, 그리고 무엇보다 성폭력 사범에 대한 형량이 엄청나게 무겁다. 가령 우리나라의 'N번방' 사건처럼 아동, 청소년 성착취 영상물 소지자에 대한 형벌이 징역 10년까지 나올 수 있다. 제작 유포자가 아니라 단순히 소지만 하고 있던 사람에 대한 형벌을 말하는 것이다.

비행기 안이나 공공시설 등에서 벌어진 난동도 상당히 엄하게 처벌한다. 특히 업무 수행 중인 공무원에게 폭언이나 폭행이라도 하면 자칫 '인생 망칠' 정도의 형벌을 받을 수 있다. 그러니 미국에서 만약 법적으로 곤란한 상황에 처하면 무조건 변호사를 선임하는 것이 상책이다.

• 술에 대한 엄격한 규제

한국에서는 별것도 아닌 일에 대해 미국에서는 과태료를 물어야 하는 경우가 꽤 많다. 그중 가장 조심해야 할 것은 술과 관련된 행동이다. 한국인들은 술을 좋아하고 주취에 대해 관용적이지만, 미국은 술에 대해 매우 까다로운 나라다. 20세기 초반에 술

유통과 제조, 음주가 법으로 금지되기까지 했던 나라임을 명심하자. 물론 지금은 음주가 불법은 아니지만, 그 흔적은 남아 있어서 술과 관련한 일에 상당히 까다로운 규제들이 따른다.

우선 음주를 허용하는 나이가 만 21세. 대학교 3학년이 지나야 술을 마실 수 있다. 미국을 여행하는 우리나라 대학생들 중 상당수가 맥주나 와인을 마시며 분위기를 낼 텐데, 만약 대학교 1, 2학년생이라면 특별히 조심해야 한다.

경치 좋은 관광지나 공원 테라스에서 술 한잔 생각날 수도 있지만 그것도 불법이다. 공공장소에서는 술을 마실 수 없을 뿐 아니라, 술을 남의 눈에 보이도록 소지하는 것조차 금지한다. 그래서 마트나 편의점에서 술을 구입하면 불투명한 봉투에 담아 준다. 이 봉투는 사적인 공간에 도착하기 전까지 절대 열어 볼 생각을 하지 않는 게 좋다.

참고 자료

- 《교과서에서 배우지 못한 미국의 역사》, 케네스 데이비스, 진병호 옮김, 고려원, 1992.
- 《미국경제론》, 김남두·옥규성, 두남, 2017.
- 《미국에 대해 알아야 할 모든 것, 미국사》, 케네스 데이비스, 이순호 옮김, 책과함께, 2004.
- 《미국의 민주주의 I》, 알렉시 드 토크빌, 임효선·박지동 옮김, 한길사, 2002.
- 《미국의 민주주의 II》, 알렉시 드 토크빌, 임효선·박지동 옮김, 한길사, 2009.
- 《미국 정치사상 공부의 기초》, 조지 캐리, 이재만 옮김, 유유, 2018.
- 《미국 정치와 정부》, 로버트 맥마흔·나이절 볼스, 김욱 옮김, 명인문화사, 2016.
- 《미국헌법과 민주주의》, 로버트 달, 박상훈·박수형 옮김, 후마니타스, 2016.
- 《미국 헌법을 읽다》, 양자오, 박다짐 옮김, 유유, 2018.
- 《있는 그대로의 미국사 1, 2, 3》, 앨런 브링클리, 황혜성 외 옮김, 휴머니스트, 2011.
- 《주머니 속의 미국사》, 유종선, 가람기획, 2004.
- 《하룻밤에 읽는 미국사》, 손세호, 알에이치코리아, 2019.

- Smith, J. Allen, *The Spirit of American Government : A Study of the Constitution, Its Origin, Influence and Relation to Democracy*, Kessinger Publishing.
- 주한 미국 대사관 웹사이트; https://kr.usembassy.gov/ko/education-culture-ko/infopedia-usa-ko/travel-usa-ko/regions-united-states-ko/
- 미국 백악관, 주 및 지방 정부 일람; https://www.whitehouse.gov/about-the-white-house/state-local-government/
- 미국 인구 자료; https://worldpopulationreview.com/states

사진 출처

- 165쪽 위 ⓒThomson200; 위키미디어
- 165쪽 아래 ⓒDsdugan; 위키미디어
- 181쪽 ⓒZol87; Flicker; 위키미디어
- 217쪽 ⓒChris Hakkens; 위키미디어

반전이 있는
미국사

초판 1쇄 2020년 10월 23일
초판 2쇄 2021년 11월 22일

지은이 권재원

펴낸이 김한청
기획·편집 원경은 차언조 양희우 유자영 김병수
마케팅 최지애 현승원
디자인 이성아
경영전략 최원준 설채린

펴낸곳 도서출판 다른
출판등록 2004년 9월 2일 제2013-000194호
주소 서울시 마포구 양화로 64 서교제일빌딩 9층
전화 02-3143-6478 팩스 02-3143-6479 이메일 khc15968@hanmail.net
블로그 blog.naver.com/darun_pub 페이스북 /darunpublishers

ISBN 979-11-5633-303-6 43940